江晓原 著

科学外史

IV

中信出版集团 | 北京

图书在版编目（CIP）数据

科学外史．Ⅳ / 江晓原著．-- 北京：中信出版社，2024.1

ISBN 978-7-5217-6189-4

Ⅰ．①科… Ⅱ．①江… Ⅲ．①科学知识－普及读物 Ⅳ．① Z228

中国国家版本馆 CIP 数据核字 (2023) 第 226071 号

科学外史 Ⅳ

著者：　江晓原

出版发行：中信出版集团股份有限公司

（北京市朝阳区东三环北路 27 号嘉铭中心　邮编　100020）

承印者：　河北鹏润印刷有限公司

开本：880mm×1230mm 1/32　印张：8.25　字数：162 千字

版次：2024 年 1 月第 1 版　印次：2024 年 1 月第 1 次印刷

书号：ISBN 978-7-5217-6189-4

定价：69.00 元

服务热线：400-600-8099

投稿邮箱：author@citicpub.com

目录

073~162

第三章　神刊背后

自序

《科学外史》最初是我为法国著名科学杂志《新发现》（*SCIENCE & VIE*）中文版所撰写的“科学外史”专栏，始于 2006 年 7 月。每月 1 篇，每篇 3 页 2700 字（早期为每篇 2 页 2000 字）。最初的撰写工作一直持续到 2021 年 12 月，中方与法方的合作结束，《新发现》中文版停刊。从 2022 年 1 月起，“科学外史”专栏移至《第一财经日报》，名称改为“科学外史Ⅱ”，仍是每月 1 篇，每篇 2700 字。这个专栏至今已 17 年，仍在持续写作中。

在此期间，该专栏的文章多次结集出版。首次为 2013 年复旦大学出版社出版的《科学外史》，该书荣膺首届“中国好书”及 2014 年上海图书奖一等奖等多种荣誉。2014 年复旦大学出版社推出的《科学外史Ⅱ》，又获中央国家机关“强素质·作表率”读书活动推荐书目等多种荣誉。2017 年上海人民出版社推出《科学外史》珍藏版，同年浙江教育出版社推出《科学外史》学生版。2019 年，上海人民出版社一举推出了《科学外史》Ⅰ、Ⅱ、Ⅲ三卷本。

由于专栏的长期持续更新，每年会积累文章 12 篇，3 年得 36 篇，正好构成一卷，所以此次中信出版集团推出《科学外史》Ⅳ、Ⅴ两卷，正合规律。

这些文章旨在从科学史上种种趣事入手，揭示科学的前世今生，将科学从人们的误解和迷信中解放出来，从被盲目崇拜的神坛上礼请下来，还其应有的本来面目。行文注重科学技术与社会文化等外部因素的关联及互动，并注意科学与技术相互之间的关系。我尽量用学术眼光分析逸闻趣事，但我喜欢标新立异的论点及表达——初看似乎离经叛道，细察则仍言之成理。这种写作风格 17 年来得到了不少读者的喜欢和鼓励。

17 年来，“科学外史”专栏已经写到 201 期，要长期保持选题既不枯竭，又不枯燥，是一个巨大的挑战。我的办法相当朴素，就是多读书，多思考。这里要衷心感谢我身边的同事、学生、记者、编辑等众多朋友，他们经常用垂询、采访、讨论、八卦等各种方式，源源不断地为我提供灵感。

江晓原

2023 年 3 月 30 日

于上海交通大学科学史与科学文化研究院

第一章

科学争议与思考

“物理学沙文主义”中的学科鄙视链

*

“物理学沙文主义”进阶教程

通常，“×× 沙文主义”所指称的对象，很容易有“政治不正确”之嫌。“物理学沙文主义”虽然也有同样嫌疑，却广泛隐藏在物理学家和学物理出身的人的潜意识中，而且他们往往抑制不住有所表达的冲动。

我第一次领略这种表达，是在南京大学天文系念本科时，给我们讲授统计力学的龚昌德教授有一次在课堂上说（大意）：“在物理学家看来，化学是不存在的——它只是物理学的一小部分而已。”他的话不仅有力，而且大大增强了物理系和天文系同学的自豪感（我们一起上他的统计力学课）。

到我去中国科学院念研究生时，一位著名院士的金句在朋友圈子中广泛流行，这位以研究天体物理著称的院士（如今早归道山）说：“学物理的人是最容易相互沟通的。”这句话表面上听起来似乎没有任何“鄙视”别的学科之意，但那种“一览众山小”“天上地下唯我独尊”的气势是掩藏不住的。他的金句在我和几位北大、清华、北师大的朋友中最受欢迎，因为我们几个人“出身”的专业，不是理论物理就是天体物理。

再往后，我又从科学史八卦中读到了本科时代“高山仰止”的物理学家费曼（Richard P. Feynman）的一句名言（大意）：“只有物理学这样既有系统理论又能定量的学问，才算得上科学。”

费曼的话已经是赤裸裸的“物理学沙文主义”了，但沿着这个方向前进，没有最高阶，只有更高阶，我终于读到物理学家卢瑟福（Ernest Rutherford）的金句：“所有的科学不是物理学就是集邮。”（All science is either physics or stamp collecting.）

卢瑟福的金句脍炙人口，囊括了前三阶中的全部精义，而且更为气势磅礴——物理学之外的一切科学都已经被贬为“集邮”了！

霍金的高阶“物理学沙文主义”

2018 年 3 月 14 日，史蒂芬·霍金（Stephen Hawking）去世的消息传出，我和穆蕴秋 2011 年发表在《上海交通大学学报》上的长篇论文，被眼疾手快的公众号编辑改名为“霍金的科学遗嘱：上帝、外星人与世界的真实性”，半小时内推送出来，两天之内至少被 24 家公众号或 App 转载。若谓之“蹭热点”，则吾岂敢。在那篇论文中，我们当然没有涉及霍金的“物理学沙文主义”，但霍金确确实实是“物理学沙文主义”的教父级人物。

却说《时间简史》（*A Brief History of Time*）的编辑，曾建议霍金将书名中原先十分通用的“Short History”，改成“Brief History”，这让霍金十分欣赏，称赞说“这真是神来之笔”。所以后来霍金的自传就叫作 *My Brief History*，中文也自然就译成了《我的简史》。这部自传里面有霍金“物理学沙文主义”的珍贵史料。

霍金进入中学以后，就打算“专攻数学和物理”，可是他的父亲却认为“除了做教师，学数学的找不到任何工作”，所以要霍金准备学医，而这就需要学生物学。但霍金对生物学根本提不起兴趣，他回忆说：“对我而言，生物学似乎太描述性了，并且不够基本。它在学校中的地位相当低。最聪明的孩子学数学和物理，不太聪明的学生物学。”

看看，学科鄙视链终于出现了！从费曼到卢瑟福，再从卢瑟福到霍金，基本上越是大师说话就越是霸气，也用不着遮遮掩掩或委婉含蓄了。幸好霍金的父亲没有硬逼着霍金学生物学和医学，要不然也许世间就没有如今的霍金了。

霍金将物理学视为最高学科，看来并不仅仅是他中学时代的年少轻狂，而是数十年一以贯之的。一个重要的证据是他在2002年编的一部大书《站在巨人的肩上：物理学和天文学的伟大著作集》（*On the Shoulders of Giants*：*The Great Works of Physics and Astronomy*）。这部大书选择了五位“巨人”的著作：哥白尼的《天体运行论》（*De Revolutionibus Orbium Coelestium*）、伽利略的《关于两门新科学的对话》（*Dialogues Concerning Two New Sciences*）、开普勒的《宇宙和谐论》（*Harmonices Mundi*）（第五卷）、牛顿的《自然哲学之数学原理》（*Philosophiae Naturalis Principia Mathematica*）、爱因斯坦的《相对性原理》（*The Principle of Relativity*）。霍金分别为每位“巨人”写了生平并编评了他们的经典科学著作作为导读。

考虑到天文学也经常被归入“物理科学”的大类中，霍金选择这五位“巨人”和这五种著作的“物理学沙文主义”是显而易见的。比如说，他为什么没有选入达尔文以及与之相关的进化论著作？要是让中国学者来做类似“科学巨人”的选择，我相信十之八九会将达尔文选入。但是在霍金看来，生物学这种“太描述性”的学科，只能是“不太聪明的”学生去学的，他们怎么可能有资格跻身于“巨人”之列？

对于霍金的高阶“物理学沙文主义”，还可以用另一个大师的行为来帮助加深理解。爱德华·威尔逊（Edward O. Wilson）的《知识大融通：21世纪的科学与人文》（*Consilience: The Unity of Knowledge*），被认为凝聚了他的毕生智慧，因而有着极为宏大的抱负——复活启蒙运动中的知识统一论。而且这种抱负被一直向上追溯到费曼、爱因斯坦和牛顿。威尔逊虽然雄心万丈，在书中论述各个学科时，颇有长驱直入、横扫千军之势，却几乎从未涉及天文学和物理学。对于这两个学科——注意这恰恰就是霍金所选五位“巨人”的学科——威尔逊明显心存敬畏，所以避而不谈。威尔逊的回避和霍金的选择恰好构成“互文”。

学科鄙视链背后的逻辑

在“物理学沙文主义”影响下的学科鄙视链，通常表现为：推崇物理、天文这类“高冷”的“硬学科”；而对于通信、计算机、自动控制、材料科学之类的学科也会稍加青眼，因为它们和物理学关系密切，也比较“硬”；再往下，地质、气象、生物学之类就处于鄙视链下端了。霍金看不起生物学，威尔逊雄心万丈地搞“知识大融通”，却不敢碰物理和天文，正好分出了这条鄙视链的两端。

如果将学科鄙视链向“社会科学”延伸，那就更惨不忍睹了——所有的“社会科学”都绝对处于生物学以下。许多搞自然科学的人，以及许多不搞自然科学也不懂自然科学的人，都不同程度地鄙视“人文社会科学”，就是因为在他们心目中都或明或暗地存在着这样一条学科鄙视链。

这条学科鄙视链背后究竟有什么逻辑呢？说穿了其实非常简单，就是一个因素——对数学工具的使用程度。一门学科使用的数学工具越复杂、越高深，就越处于鄙视链的上端，事情就是这么简单！

记得当年理工科大学用的高等数学教材分为四级，但天文系用最高的那级还不够。物理系理论物理专业的全部数学课，天文系学生都要上，还要另外加出一些。那时，同学们除了完成老师布置的作业，还拼命给自己“加码”，我们啃菲赫金哥尔茨八大册的《微积分学教程》，努力做其中的习题，至于著名的吉米多维奇的《数学分析习题集》，那就纯属家常便饭了。而生物学，据说只用最低的那一级数学教材。文科的数学就更加不值一提，比如经济学搞“建模”，会用到一点数学，也许经济学家已经觉得可以自命不凡了，但天文系的同学会说：“这也叫数学？”要是放在今天，我们会忍不住用前些年走红的那个蓝衣女记者表情包的。

冥王星：一个天文标杆的前世今生

*

绝大部分读者从小熟悉的教科书内容是“冥王星是太阳系第九大行星”，直到 2006 年，冥王星才被“开除”出大行星系列。十几年时间不算长，但在互联网和新媒体时代，已经足够让大多数人忘记一场小众公案了（在美国是文化界的大公案）。而即使是曾关注过这场公案的人，也可能并未充分意识到它所蕴含的科学意义。

冥王星奇特的发现史

冥王星被发现于 1930 年 2 月 18 日，美国亚利桑那州当地时间下午 4 点。这个时间点提示了冥王星发现渠道的特殊——

当时当地是大白天，能看见天上的星吗？

1930 年，美国“民科”天文学的黄金时代已到尾声。那个黄金时代是土豪天文爱好者洛韦尔（P. Lowell）开创的，他自建天文台担任台长，自办天文杂志担任主编，自组天文学会担任会长。他的天文台装备了最好的望远镜观天，雇用了专业的天文学家搞研究。洛韦尔平生有两大愿景：一是观测火星上的运河，二是寻找海王星轨道外的“X 行星”。1916 年洛韦尔去世时，第一个愿景早已让他名满天下，第二个愿景则毫无收获。现在我们当然知道所谓的“火星运河”纯属虚妄，不过洛韦尔毕竟还是在天文学上青史留名了。

洛韦尔天文台有一个受雇的年轻人汤博（C. W. Tombaugh），雇主去世后他不忘初心继续寻找“X 行星”。太阳系中的天王星、海王星都是根据它们对内侧行星轨道的摄动而被推算出来，随后在推算天区被观测到的。洛韦尔一直希望用同样的方法找到“X 行星”，但至死未成。汤博对这个方法不再抱希望，遂改用大规模巡天照相观测，这是一种笨办法，就是对大面积的天区持续拍照，然后耐心比对前后照片，看其中有没有在恒星背景上移动位置的天体。这样就能理解冥王星为何会在下午 4 点被发现了——当时汤博在比对照片。在茫茫星海中他居然真的找出了一个在悄悄移动的小光点。于是，汤博发现了冥王星。冥王星随即被定为太阳系第九大行星，汤博也因此名垂青史。

但是，冥王星发现史的奇特之处在它的后半段。

最初，人们曾认为冥王星的大小和质量与海王星是同一量级，而海王星的质量约为地球的 18 倍。但是 1978 年发现冥王星有一颗比其更加巨大的卫星冥卫一（卡戎星），这可以帮助天文学家推算出冥王星的质量，结果令人大吃一惊——冥王星的质量只有地球质量的 0.24%！冥王星的尺度“至今仍未定准”，最初定为直径 6400 千米，现在较新的数据是 2370 千米。冥王星的公转周期约 248 年，但从冥王星被发现到现在，它只运行了公转周期的 1/3，天文学家还远远没有见证它绕着太阳走完一圈。

冥王星的陷落

对冥王星而言，最悲剧的后续发现是在 20 世纪 90 年代。早在此前的 40 年，荷兰裔美国天文学家柯伊伯（G. Kuiper）提出假想：在太阳系边缘有一个由冰状小天体组成的带状区域，这个区域就被称为“柯伊伯带”。冥王星实际上可以说就在这个区域中。1992 年，夏威夷大学的天文学家用光学望远镜观测到了天体 1992QB1，即小行星 15760，这被认为是第一个柯伊伯带天体。半年后又发现了第二个，随后越来越多的柯伊伯带天体被发现，当年“柯伊伯带”的假想被证实了。

柯伊伯带冰状小天体不断被发现，开始对冥王星的大行星地位形成了威胁，因为冥王星本质上和这些天体是同类的，只是稍大了一点。那时冥王星的发现者汤博还健在，他隐隐感觉到了让他名垂青史的冥王星所受到的潜在威胁。1994 年，他致信著名的《天空与望远镜》（*Sky and Telescope*）杂志，建议将这些新发现命名为“柯伊伯小天体”，好和冥王星划清界限。

1997 年，汤博去世。2003 年，汤博最担心的事情终于发生了，天文学家在柯伊伯带发现了阋神星（小行星 136199），它的尺度可能略小于冥王星，但质量超过冥王星，这下天文学界对冥王星大行星身份的质疑甚嚣尘上，搞得国际天文学联合会（IAU，以下用英文简称）也坐不住了。

IAU 是全球天文学家的专业组织，有会员万余名（笔者也忝列其中），2006 年正逢三年一届的年会，IAU 就设立了一个“行星定义委员会”研究冥王星的身份问题，由 7 人组成。我与 IAU 委员会主任、天文学史专家金格里奇（O. Gingerich）打过交道，我们曾在 IAU 第 20 届年会（巴尔的摩，1988）上相遇，他还热情地赠送了我一厚摞他发表的论文抽印本。

当时的行星定义只有两条：1. 绕一颗恒星运行；2. 自身引力

处于合适的范围（大到能使自身成为球状，但又不能大到引发内部核聚变——那样就变成恒星了）。冥王星完全符合这两条，作为行星来看一点问题也没有。

但恰在此时有人递交了一篇论文《何为行星》，其中提出了行星的第三条标准：行星必须有能力清空它自身的轨道。这条标准给了冥王星致命一击。

这第三条标准实际上要求行星质量足够大，因为这样行星才能依靠自身引力将运行轨道上的小天体收纳为卫星或直接吞噬掉，例如地球就清空了自己绕日运行的轨道，太阳系的另外7颗行星也都做到了这一点。但是冥王星显然远远没有能力清空柯伊伯带。

终极审判的日子到了，2006年8月24日，IAU第26届年会（布拉格，2006）经424位与会代表投票，以压倒性多数（超过90%）通过决议，将冥王星从太阳系行星中剔除，冥王星和小行星谷神星、阋神星被列为“矮行星”。从此太阳系只有八大行星。

布拉格的决议在美国引起了抗议的怒潮，因为冥王星是“美国的行星”（曾经的九大行星中唯一由美国人发现的）。此前已经有“冥王星行星身份保护协会”出现，这时更有议员至少在两个州推动立法来“保卫”冥王星，提交加利福尼亚州议会的议案要求“对国际天文学联合会夺去冥王星行星身份的决议进行谴责”，而新墨西哥州议会通过了立法：“我们宣布，冥王星为行星，并将 2007 年 3 月 13 日定为州议会的冥王星行星日。”民间的各种抗议大量涌现，媒体上出现各种嘲讽挖苦的标题，甚至出现“总统候选人表示：如果成功当选将承认小行星的行星身份”这样的新闻。

当然一切抗议终归徒劳，毕竟这是一个科学问题，民众、议员、媒体起哄一阵之后，也未能阻挡“太阳系八大行星”被写进教科书。

冥王星浮沉故事的科学意义

在行星科学史上，如今太阳系的八大行星，都没有冥王星这样的际遇：真相难窥，多次新发现不断修正旧认知，导致身份改换，引发多种争议。这说明什么问题呢？

至少有一点，说明人类现有的天文观测手段，到冥王星和柯伊伯带那里，已接近能力边界了。2015 年 7 月 14 日，美国航空航天局（NASA）发射的探测器“新视野号”抵达距离冥王星最近之处（仍有 12500 千米之遥），拍摄了迄今为止最清晰的冥王星照片。但是，对于这颗距离地球约 5.5 小时光程的“肮脏的冰球”，我们仍然所知甚少。

所以，可以将冥王星视为当下的一个天文标杆，对于任何侈谈遥远地方（比如 1400 光年之外）天文发现的新闻，我们都先想一想冥王星吧。

熵视域下的环保和新能源

*

借熵说事的诱惑

热力学第二定律出现于19世纪，和其他科学定律相比，热力学第二定律有着较多的表述形式，常见的几种表述如下：

> 热量可以自动从较热物体传递到较冷物体，但不可能自动相反传递。
>
> 不可能从单一热源吸取热量并将该热量转变为功而不产生其他影响。
>
> 第二类永动机不可能制成。
>
> 任何孤立系统的熵只能增加或保持不变。
>
> 任何物理过程中各个参与者的总熵必定增加或保持不变。

这些不同的表述，可以说强调了热力学第二定律的不同侧面，比如第三种表述强调了能量的每一次转换都不可能有100% 的效率。后面两种表述中出现了“熵”（entropy），所以热力学第二定律有时又被称为“熵增定律”。用大白话来说，熵就是系统能量从可利用向不可利用、从有用向无用、从集中向分散、从有序向无序转化的程度。

一个物理定律，却没有数学公式，只有文字表述，还有多种表述形式，而且其中熵的概念又极富哲学色彩，这很容易让物理学界之外的人士感觉它比较容易掌握，比较容易染指，至少界面比较亲切，从而萌生某种“借熵说事”的冲动，比如写了《熵：一种新的世界观》（*Entropy*：*A New World View*）的里夫金（Jeremy Rifkin）就是其中一位。

里夫金是畅销书作者，有一个身份是经济趋势基金会创始人和主席，他长期担任欧盟顾问，还给法国总统萨科齐、德国总理默克尔等多位欧洲国家领导人当过顾问，也在沃顿商学院讲课，还给许多欧美报纸写专栏文章。

其实最初提出熵概念的物理学家克劳修斯（Rudolf J. E. Clausius），早已经将“借熵说事”的想法发挥到了极致——他尝试将熵的概念应用到全宇宙。

按照“宇宙”的通常定义，我们完全有理由将宇宙视为一个孤立系统，而这个系统中的熵毫无疑问一直是在增大的。我们当然可以忽略地球人类工业活动迄今为止对宇宙总熵的增量贡献（因为在宇宙尺度上显得过于微小），但无数恒星每时每刻都在进行着剧烈的热核反应，向外辐射着极为巨大的能量，这完全符合“从集中向分散、从有序向无序”的能量转换情形，因此全宇宙的总熵必定不断增大。

克劳修斯的想法是：照这样下去，在遥远的未来，宇宙终将达到最大的无序状态，宇宙总熵将达到极大值，这时就会出现“宇宙热寂”（heat death of the universe）。当然这只是物理定律的哲学推论，永远不可能得到证实或证伪。

环保是环保的吗？

首先有一点需要搞清楚，当我们尝试用热力学第二定律来思考身边的事物时，肯定会发现许多系统有减熵现象。比如夏天在房间里开了空调，使房间温度降了下来，这就出现了减熵现象，但这并不违背热力学第二定律，因为这时房间不是孤立的系统，外界向它输入了能量（运行空调的电）。又如，每个生命体活着的时候都在成功地抵制着熵的增大，生命体的成长更是明显的系统减熵现象，但这同样不违背热力学第二定律，因为生命体活着的时候一直在从外部摄取能量。

但是，如果我们将空调房间或生命体连同外部世界（比如整个地球）总体视为一个孤立系统，则根据热力学第二定律，这个系统的总熵必然会因为发电或生产粮食而增加（空调房间或生命体的减熵之值，必小于发电或生产粮食所导致的熵增之值）。事实上，人类在地球上的活动越多、越剧烈，地球这个系统的熵就增加得越快。用这个视角来看待环保，就会发现一些令人惊奇的推论。

让我们来考虑一个例子。假定有一家工厂产生了污染，我们会面临四个选项：1. 放任污染不加治理；2. 以邻为壑将工厂迁往别处甚至国外；3. 治理污染；4. 关掉工厂。

在现实生活中，因环保呼声日益高涨，法律监管日益完善，选项 1 越来越难以实现。选项 2 正是许多发达国家在“治理”污染时所采用的，但对地球这个系统来说，选项 2 的效果其实和选项 1 完全一样（还未考虑搬迁工厂必然会带来的某些附加污染）。

人们一定会认为选项 3 是最好、最合理的，但是如果采用了熵的视域，就会发现选项 3 很有可能比选项 1 更坏。因为对工厂这个系统来说，产生污染当然是“自然”的熵增过程，而治理污染则是要实施减熵过程，这就必然需要从外部输入更多能量，因而使得地球这个总系统出现更多的熵增。

换句话说，对选项 3 的“熵分析”表明，在很多情况下，环保其实是不环保的。里夫金遮遮掩掩得出了这个结论，他当然不敢冒天下之大不韪公然反对环保。而从避免熵增的角度来看，只有选项4才是可取的——关掉工厂。但这个选项实际上要求人类压抑自己的物欲，以减少地球的熵增。

在现实生活中，大部分情况下人们还是会选择选项2或3，理由何在呢？

那是因为在今天，每个人都不可避免地是某一国的公民，而不是世界公民，任何人都很难站在世界公民的立场来做选择。因此以邻为壑的选项，在很多情况下还是当下各国政府和公众都必然接受的选项。

而选项3的合理性在于：我们既要繁荣发展，也要绿水青山，人类毕竟不是为了熵而活着的，“以人为本”就不能将地球的熵看得比人类本身还重要。因此对污染的治理，还是应该理直气壮地进行。至于地球总熵的增大，可以通过从外部获取能量来抵制和逆转。

熵视域下的新能源

要从地球外部获取能量，就直接引导到对各种新能源的“熵分析”了，这同样会给我们带来新的认识。

新能源中通常包括核能、水电、地热或潮汐发电、风电、太阳能、生物转化能量等。如果使用“熵分析”，那所有使用地球自身资源的新能源，都是在增大地球这个系统的熵。所以核能、水电、地热或潮汐发电等，在熵视域下，都是不可取的。从理论上说，考虑到地球系统的熵增，这些新能源的供给归根结底也是有限的。

核能——不管是现行的裂变核能还是一直在实验中的聚变核能——在新能源中的地位本来就有点勉强，在熵视域下它又增加了负分，但是在现阶段人们也只能抱着“与魔鬼同行”的心态姑且接受核电。

真正的出路看来只有太阳能（风电和生物转化本质上还是利用太阳能）。因为对地球这个系统来说，利用太阳能就是从外部获取能量，以此来帮助地球抵制熵增乃至逆行减熵。不过，在熵的视域中，地球人类利用太阳能，在现阶段仍有不少不确定因素。主要的约束都来自目前的技术手段。

目前要利用太阳能就离不开光伏设备，但生产光伏设备不仅要使用地球上的材料，还会造成环境污染，这两方面都会明显导致地球系统的熵增。也就是说，我们想要利用太阳能来帮助地球减熵，却需要先承受制造光伏设备带来的熵增。那么两相抵消，太阳能带来的利益就会被削减，甚至得不偿失。

另一个相当刚性的约束，是需要巨大的面积来采集尽可能多的阳光，而对每个国家来说国土面积终归是有限的。不过从长远来展望，这个约束还是有可能被打破的，比如利用海洋或天空来拓展采集阳光的面积。

目前利用太阳能的想象极致是戴森球，即利用木星上的资源，建造将地球轨道包容在内在光伏环带，收集太阳能。戴森球突破了上述两项局限，在熵视域下极为优越，可惜在技术上还是太过遥远。

杀虫剂：一个贪婪、愚蠢的悲惨故事

*

人类搞科学，如果从古希腊算起，已有两千多年历史。如果只算“现代科学”，也有数百年历史了。在科学的历史上，人们当然找到了无数成功的例子，虽然偶尔也讲一些“失败”的例子，但那些例子几乎毫无例外地都是指“想做的事没能做成”，比如美国想发射航天飞机，但是“挑战者号”不幸爆炸了。其实真正失败的例子，应该是指“想做的事做成了，但结果事与愿违”。对这种事例的分析，在通常的科学史论述中很难看到，而杀虫剂就是一个这样的例子。在杀虫剂引发的人与自然的战争中，人类已经彻底失败。

《寂静的春天》给我们的例子

杀虫剂是二战结束后才开始大规模使用的，到蕾切尔·卡森（Rachel Carson）写《寂静的春天》（*Silent Spring*）时，离杀虫剂大规模使用不过15年时间，那时卡森已经看到杀虫剂有害了。

在卡森给出的数据中，那时美国每年有约500种化学合成物付诸应用，“这些化学物品以几千种不同的商品名称销售”。当时的情形简直就是化学杀虫剂和害虫的终极对决，而这场运动让很多人感到兴奋，“看来已使许多专家和大部分所谓管理部门焕发巨大热情”。

杀虫剂确实能够在一段时间里有效地杀死昆虫，但同时产生的第一个问题是：杀虫剂同样对人类有害。

卡森在《寂静的春天》里引用了一个“医学权威”的论述：“仅在加利福尼亚的农场里所用的药量，就能给5~10倍的全世界人口提供致命的剂量。”到美国副总统艾伯特·戈尔（Albert Arnold Gore Jr.）给《寂静的春天》新版写序言时，所提供的1992年度的新数据是：这一年，“我们国家共用了22亿磅①杀虫剂，相当于男人、女人和儿童人均8磅。已知许多现用的杀

---

① 磅，英美制质量单位，1磅约合0.4536千克。——编者注

虫剂是高度致癌的，其他杀虫剂可以破坏昆虫的神经和免疫系统，可能也能毒害人类的”。

需要指出，这些让卡森、戈尔等人痛心疾首的数据，都只反映了美国的情形，而在杀虫剂大量倾销、监管更为松懈的发展中国家，情形更为严重是可想而知的。

人类用科学技术为自己创造了一个困境

更荒谬的是第二个问题：昆虫会进化出抗药性。卡森在《寂静的春天》里是这样描述这件事情的。

> 昆虫可以向高级进化，并获得对某种杀虫剂的抗药性。之后，人们不得不再发明一种致死的药物，昆虫再适应，于是人再发明一种更毒的药。这种情况的发生同样也是由后面所描述的原因所致：害虫常常进行报复，或者再度复活；（或者）经过喷洒药粉后，数目反而比以前更多。因此，化学品之战永远也不会取胜，而所有的生命都在这场强大的交火中受害。

本来，昆虫一直会吃掉我们的一部分粮食、水果、蔬菜等，我们最初研发杀虫剂，就是为了从昆虫那里把收成全部夺过来。人类出于贪婪的动机，想用杀虫剂把昆虫全部杀死，想让它们一点都不吃我们的收成，结果却事与愿违。

刚开始的时候，杀虫剂对某种昆虫是有用的，能把它们杀死不少，很快昆虫就进化出了抗药性，现有的杀虫剂就没有用了。化学公司的办法是，我们再研发新的杀虫剂剂型，又能杀死昆虫了；然而没过多久，这种昆虫又会进化出新的抗药性，我们就再研发新的杀虫剂剂型。今天我们和昆虫之间就处在这种无穷无尽的拉锯战中，我们一直在研究新的杀虫剂剂型，昆虫也在一代一代地进化着各种各样的抗药性。

现在的局面是什么呢？害虫仍然存在，我们并没有能力将害虫消灭光，在害虫不断地进化出抗药性和我们不断研发出新剂型的这个无休无止的拉锯战中，自然界整体仍然获得了动态平衡。害虫要吃的那部分蔬菜、水果、粮食，它们还是吃到了，人类仍然没有把它们夺回到自己的手里来。

但是，人类付出了什么代价呢？卡森在《寂静的春天》中指出，在我们的空气、水和土壤中，到处都是残留的杀虫剂。我们今天喝的水，呼吸的空气，全都是含杀虫剂的。戈尔在《寂静的春天》新版序言中提供的 1988 年的数据是：美国环保署报告说，有 32 个州的地下水已被 74 种不同的农业化学药品污染。而到 1993 年，整个密西西比河流域 25% 的地表水化学药品含量都已经超标。人类之所以没有被杀虫剂毒死，是因为人类的身体也会有抗药性，但人类虽然可以在一定程度上抵御杀虫剂的危害，这种毒害仍然会产生后果。

由于新的动态平衡是以杀虫剂持续大量使用来达成的（尽管有一些毒害显著的品种被禁用了），而我们又依赖这样的平衡，所以人类已经回不到大规模使用杀虫剂之前的世界了。在杀虫剂这件事情上，人类用科学技术为自己制造了一个目前看来无法摆脱的困境。

“环保圣经”的意义

卡森在《寂静的春天》出版两年后就死于癌症。在她身后，世界范围内的环境保护运动发展起来了,《寂静的春天》被称为“环保圣经”。

戈尔称颂卡森的贡献，说她“将我们带回到一个基本观念，这个观念在现代文明中已经丧失到令人震惊的地步，这个观念就是：人类与大自然的融洽相处”。其实卡森和戈尔笔下的这个基本观念，不就是中国人古老的“天人合一”吗?

在地球上，1945—1950 年才开始大规模使用杀虫剂，在 1945 年之前没有杀虫剂的数千年历史中，人类虽然难免遭遇饥荒，但也在许许多多的时间里享受着丰收，享受着我们应有的收成。与此同时，我们也让昆虫分享了一部分收成，人类和昆虫之间，总体来说是相安无事的，这正是“人类与大自然融洽相处”的表现。

即使在虫害发生的原因上，卡森也认为人类自己难辞其咎。卡森说“在农业的原始时期，农夫很少遇到昆虫问题”，她认为是农业的发展带来了昆虫问题。具体原因是：“在大面积土地上仅种一种谷物，这样的种植方法为某些昆虫数量的猛增提供了有利条件。”在她看来，单一的农作物耕种不符合自然发展规律，“这种农业是工程师想象中的农业”。

卡森的上述想法当然不乏田园诗般的美感，但是在我们以往的观念中，美国的机械化大农业，不正是我们心向往之的吗？以工业化的手段来经营农业，单一品种的大面积种植、大规模使用化肥和农药，这些不正是所谓“现代化农业”的标准场景吗？

另外，如果参照中国古籍中记载的“昆虫问题”，比如蝗灾，卡森的上述说法也还是有相当的局限性。要解释昆虫灾害的成因，显然需要更为深入细致的研究。

但是无论如何，在杀虫剂的问题上，人类完全失败了。人类首先表现了贪婪：企图将昆虫分享的份额全部夺占到自己手中。其次表现了愚蠢：不仅夺占昆虫份额的企图没有得逞，自己还被迫食用、饮用、呼吸杀虫剂。更悲惨的是：这个局面现在已经无法挽回了。

如果人类知道使用杀虫剂的结局是今天这样，那一开始就不要研发杀虫剂，不要使用杀虫剂，这样不就没事了吗？

杀虫剂的故事告诉我们，有些事情，当我们知道它是一个错误的时候，局面就已经来不及挽回了。这就要求我们在很多事情上，应该现在就有所警惕。我们既然知道一旦错了就有可能改不回来，那我们现在慎重一点不是更好吗？我们为什么那么迫不及待，不惜冒着风险、顶着争议，拼命急着去做呢？如果我们不愿听任自己被资本驱动，心平气和地想想这些问题，我们本来用不着那么急着行动的。

戈尔眼中的核电、转基因食品及过度发展

*

有一则关于美国前副总统戈尔的著名八卦：在一次民意调查中，要求接受调查者写出自己知道的科学家名字，结果得票最多的人居然是戈尔。这个出人意料的结果引起戈尔的政敌以及一些科学家的嘲笑：戈尔也成科学家了？

戈尔毕业于哈佛大学，据说他的科学成绩很烂，尽管他经常对别人说自己非常喜欢科学和数学。上面那个八卦当然事出有因：戈尔一直大力鼓吹环保，以他为主人公的纪录片《难以忽视的真相》（*An Inconvenient Truth*）获得了奥斯卡最佳纪录片奖；他的这些努力还让他获得了 2007 年的诺贝尔和平奖；他从政生涯中的许多活动确实和科学沾边。所以他对一些科学争议问题的看法，确实也有了解的价值。

“核能源的前景进一步暗淡下来”

在今天许多人的观念中，各种“新能源”中通常包括核电。但实际上，核电在“新能源”中是一个非常奇特的品种：有时它被排除在太阳能、风能、地热等“新能源”之外，有时虽然被包括在内但又被限定为“聚变核能”，而“聚变核能”至今还远远未能付诸实际应用，更不用说商业化应用了。

戈尔一贯鼓吹“新能源”，但他在《未来：改变全球的六大驱动力》（*The Future*：*Six Drivers of Global Change*）一书中对于核电明确表示：“最近几十年来，核反应堆的成本由于各种原因一直在大幅稳步上升。在发生日本福岛核电站悲剧之后，核能源的前景进一步暗淡下来。”虽然世界上仍有不少核电站正在建设中，“但是以低碳能源选择评估标准来看，核能源的成本和潜在安全隐患都是显著的负面因素”。戈尔在这里所指的，当然是“裂变核能”，即目前各国都在使用的核电方式。

戈尔在他的另一著作《我们的选择——气候危机的解决方案》（*Our Choice, A Plan to Solve the Climate Crisis*）中告诉读者：

> 2003 年，麻省理工学院对未来核能的利用进行了广泛的研究，研究结论是：“核能可以是一种减少碳排放的选

择，但是目前来看，核能实现不了这个目标，核能的利用处于停滞和倒退状态。”

戈尔在这本出版于日本福岛核电灾难之前的书中，讨论了核电目前的两个致命问题：一是设施本身的安全难以保障，二是核电运行中产生的核废料难以长期安全存放。这两个问题正是现今人们质疑核电的主要问题。

我们经常被告知，核电是高效、经济的。然而戈尔在《未来：改变全球的六大驱动力》中说：“核反应堆的成本由于各种原因一直在大幅稳步上升。”在《我们的选择——气候危机的解决方案》中，戈尔说得更为明确：目前很难在美国或欧洲找到一家著名的工程公司愿意为核电厂的建设成本做出估算，这种现象是“令人难以置信的”。他还引用世界核能协会战略与研究部门主任史蒂夫·基德在《国际核能工程》（*Nuclear Engineering International*）中的说法作为旁证：“要对当前的核电厂建设成本做一个精确的估计是完全不可能的事情。”

戈尔的上述说法显然是中国公众还不太熟悉的。为什么核电厂的建设成本难以估算呢？其实不难理解，在核电的上述两个致命难题目前尚无法解决的情况下，核电厂的潜在风险最终都将由政府及社会来承担，其建设成本当然就无法精确估算了。

不过，要是有朝一日“聚变核能”发电研发成功，那核能前景又当别论。

戈尔对孟山都公司的批判

关于转基因食品，特别是和中国人生活有密切关系的转基因稻米，一直争议不断。国内很多争议者将注意力集中在食用安全问题上，其实是被人带了节奏。

戈尔在《未来：改变全球的六大驱动力》中介绍了转基因食品研发的新进展——包括部分中国科学家在这方面的商业化活动。但他着重介绍了反对转基因食品的意见。例如，关于转基因技术对作物产量的影响及可能的危害，戈尔认为：

> 随着有关转基因生物的辩论进一步深入，反对者指出：这些基因工程至今还未能使任何作物的内在产量增加，而且他们提出的对某些生态系统的担忧也不无道理。反对者认为……它干扰了生物遗传密码的正常秩序，可能导致无法预测的突变。

在转基因食品争议中，食用安全只是问题的一个方面。而另一个更重要的方面，是孟山都公司对种子基因的垄断。即使转基因食品食用之后真的无害（这一点迄今尚未得到任何有效证明），这种垄断仍然使得种植转基因作物的农民深受其害，而孟山都这类公司则坐享无尽之利。这种损不足以奉有余的现状，加剧了世界的两极分化，使世界更不公平。戈尔报道了印度农民的抱怨："印度农民开始抗议他们每年必须购买的转基因种子价格过高，而且他们必须使用更大剂量的除草剂，因为更多草产生了耐药性，这也增加了成本。"他还报道了印度议会一个小组 2012 年发布的报告，"苏云金芽孢杆菌棉花和印度农民自杀之间存在着联系"。他还主张取消任何形式的转基因作物实验。

值得注意的是，戈尔并未同时报道支持转基因食品的意见。

孟山都公司多年来一直遭到欧洲学者的批判，也遭到许多包括中国学者在内的发展中国家学者的批判。令人稍感意外的是，孟山都公司——这是一家美国公司——也遭到戈尔相当严厉的批判。戈尔揭露说："生物科技公司孟山都如今控制着世界上绝大多数种子的专利。"他引用美国种子专家尼尔·哈尔的估计，认为孟山都公司"已经控制了 90% 的种子基因"。对于这样的高度垄断状况，戈尔表示："这种失衡的权力也体现在人类无法平等地获取和利用从生命科学革命中产生的各类重要突破。"这里戈尔指出了问题的关键：无论转基因作物有害与否，孟山都公司都在坐享垄断之利。

戈尔还讲了一个“形成鲜明对比的”故事。有人采访脊髓灰质炎疫苗的发明者乔纳斯·索尔克，问他谁拥有这种疫苗的专利，索尔克回答：“我想是美国人民。”并且他还反问：“你能为太阳申请专利吗?”戈尔讲这个故事的用意是显而易见的：他反对孟山都公司对种子基因的垄断，以及利用这种垄断牟利的行径。

“过度发展”观念的前世今生

在人们都将“发展”视为天经地义的今天，追溯“过度发展”这一观念的历史是饶有趣味的。戈尔追溯到的“始作俑者”是西格蒙德·弗洛伊德（Sigmund Freud）的外甥、20世纪初的“公共关系之父”爱德华·伯奈斯（Edward L. Bernays）。伯奈斯强调，必须通过媒体的宣传，将公众的意识导向物欲，伯奈斯的拍档保罗·梅热说得极为露骨：

> 我们必须将美国的这种需求文化转变为欲望文化……必须培养人们拥有欲望，想要新东西，甚至在旧东西全部消耗完之前。我们必须在美国塑造全新的心态，人的欲望

必须盖过他的需求。

也许这本来只是商业营销的理念，但其作用很快就远远超出了商业范畴。欲望可以使需求永远无法满足，“一个需求得到满足，就会让位于另一个需求”，永无止境的需求被视为社会活力的来源，不断想方设法满足，甚至创造人们的需求，被视为社会“进步”和“发展”的表征。戈尔相当有洞见地归纳出：“在 20 世纪资本主义和共产主义的长期斗争中，无限的发展毫无疑问是两种意识形态都认同的假设。”

这种“无限发展”的假设，导致现代化文明发展模式的不可持续性。戈尔从他长期关注的地球环境、资源、污染等方面着眼，强调全球现有的发展模式是难以为继的。这些论点都是他在影片《难以忽视的真相》以及同名图书中所强调的，对关注当代环保运动的人来说也是耳熟能详的。

力不从心的“知识大融通”

*

先前，以科幻小说和科普作品享誉当世的美国作家阿西莫夫（I. Asimov）写过一部《阿西莫夫科学指南》（*Asimov's Guide to Science*），这本书几乎涉及了自然科学的所有方面。但此书是传统的科普作品，它扮演的角色是一个导游，并未宣称要对各种科学知识进行全面的融会贯通。

2018年去世的霍金已被塑造成“科学之神”，他晚年的《大设计》（*The Grand Design*）一书堪称他的“学术遗嘱”，里面讨论了若干终极性质的问题，如上帝、外星人、外部世界的真实性等，在这些问题上霍金都明确地选边站队表了态。但霍金并未表示要对科学的所有方面进行融会贯通。

然而，生物学家爱德华·威尔逊到了晚年却雄心万丈，要搞“知识大融通”，他自己的定义是：“经由综合科学的事实和以事实为基础的理论，创造一个共同的解释基础，以便使知识融会在一起。”他的《知识大融通：21 世纪的科学与人文》，被认为凝聚了他毕生的智慧，而且有着“重启启蒙运动知识统一论”的极为宏大的抱负。

天文学和物理学缺席的“知识大融通”

大师晚年无论怎样知识渊博、学养深厚，在写宏大论著时，通常总要有自己的专业知识作为支撑，就好比亚历山大大帝纵横天下，也总得有个马其顿王国作为出发的根据地。如果像某些崇拜威尔逊的人所做的那样，贸然地称威尔逊与牛顿、爱因斯坦一脉相承，那么牛顿和爱因斯坦的“马其顿”都是公认的“精密科学”物理学，而威尔逊的“马其顿”则是相对不那么精密的生物学。

至少从理论建构上看，物理学好比希腊的重装步兵，甲坚兵利，阵形齐整；而生物学看起来就有点像散兵，装备参差，队形散乱。这样的比喻并非完全出自我的个人偏见，有些科学大师也有此意，例如，霍金在回忆录《我的简史》中说：“对我而言，生物学似乎太描述性了……它在学校中的地位相当低。最聪明的孩子学数学和物理，不太聪明的学生物学。”

这里我想强调的是，如果将威尔逊比作某一位亚历山大大帝，我们应该知道这位大帝统率的军队并非装备精良训练有素的重装步兵，所以从这个角度来看，他远征世界需要更多的勇气和技艺。

那么接下来的问题就是：威尔逊在知识世界的远征成功吗？他打下了多大的江山？平心而论，威尔逊的征服欲望比起牛顿和爱因斯坦来，非但毫不逊色，简直可以说是有过之而无不及。这也难怪，“启蒙运动中的知识统一论”在牛顿时代尚未问世，而到爱因斯坦时代又已经过气了。

不过威尔逊虽然雄心万丈，却仍然相当有节制。对于驻马远方的另外两位大帝——牛顿和爱因斯坦，威尔逊明显心存敬畏，对于他们身后的“马其顿王国”，他小心翼翼不去犯界。他的“知识大融通”中几乎从未涉及天文学和物理学。

虽然除此之外，威尔逊“大帝”横扫千军长驱直入，他的远征还是相当辉煌的。但是一旦缺失了天文学和物理学，也就是缺失了现代科学中最完美、最可靠的支柱，这样的“知识大融通”就已经大打折扣了。

从科学主义立场鄙视后现代

威尔逊基本上持科学主义立场——这样的人在科学家群体中很常见。所以威尔逊相信可以“利用科学的某些特性来区分科学和伪科学”。这些特性包括：再现性、精简性、测量法、启发性。其中最重要的无疑是第一点，“再现性”其实就是实验的可重复性。不过威尔逊的上述概括实际上是相当幼稚的，因为科学哲学家通常认为，科学和伪科学之间的划界任务是不可能完成的。

对于科学知识社会学（SSK）和“建构主义”（constructivism），威尔逊当然也不会手下留情。在“德里达的诡论”一节中，他对此痛加谴责：“哲学上的后现代主义者，是一群聚集在黑色无政府主义旗帜下打转的背道者。他们挑战科学和传统哲学的基础……而最狂妄的建构主义主张，‘真的’真实世界并不存在，人类心灵的活动之外并没有任何客观的真理。”在“寻求客观真理的标准”一节中，威尔逊坚信：“在我们的大脑之外，存在着独立的真实世界。只有狂人和少数建构主义哲学家，才会对它的存在有所质疑。”不过他的这种观点如果和霍金的《大设计》中的“依赖图像的实在论”相比，也是相当幼稚的。按照威尔逊的上述界定，霍金也将进入“狂人”之列。

威尔逊对各种“后现代”理论颇为鄙视，他在题为“向后现代主义致敬”的那一节中讽刺说：“无论如何，我在这里要向后现代主义者致敬。作为当今狂欢乱舞般的浪漫主义参与者，他们使文化变得更加丰富。”他指责后现代理论“对理性思考造成危害”。而他说应该对后现代主义持“正面看法”的理由，同样充满反讽之词，“它解除了不愿接受科学教育的人的困扰”，“它在哲学和文学研究上创造了一个小规模的产业”，等等。

对“神创论”倒是含情脉脉

对于出身生物学专业的威尔逊“大帝”来说，进化论当然不仅在他的“马其顿王国”版图之内，简直就应该是他的后花园。但是进化论偏偏是长期争议不绝的理论，这无疑成了威尔逊的某种软肋。看看万有引力或相对论，问世至今几乎从未遭遇过争议——这正是物理学可以被比喻为重装步兵的主要原因之一。

那威尔逊如何处理进化论问题呢？相当出乎我的意料，持科学主义立场的威尔逊，居然对进化论的死敌——神创论，持手下留情的态度！

在“进化与神迹”一节中，威尔逊正面陈述了进化的基本理论，并且表示：“这种非人类所能掌握的力量，显然塑造了我们今日的形象。由组成分子到进化过程，生物学的所有分支都指向相同的结论。”可是接着他又说：“尽管冒着带有防卫色彩的危险，我仍有义务指出，许多人宁愿采取特殊的神创论来解释生命起源，包括某些受过高等教育的人。”他引用美国国家民意研究中心的报告数据，说有 23% 的美国民众反对人类进化的观念，还有 1/3 “意见未定”，也就是说，有一半以上的美国公众对进化论是持反对或怀疑态度的。

这还不算，威尔逊接着又进一步表明他的个人立场：“我生于新教徒众多的美国南方，在强烈反对进化论的文化中成长，所以对这些想法也有同情和妥协的倾向。这么说吧，只要你相信奇迹，什么事都可能发生。也许上帝真的创造了所有生物，包括人类在内……”这样明显向“神创论”妥协的论述，中国读者以前恐怕只有在转述的被批判的“谬论”中才有机会接触一二。

总体来看，威尔逊的“知识大融通”对他来说有点力不从心。他在宏论开头部分引用了天文学家钱德拉塞卡（S. Chandrasekhar）的话：“让我们试试看，在太阳将我们翅膀上的蜡熔化之前，我们到底能飞多高。”这真是一个悲壮而不吉利的开头，因为我们知道，在希腊神话中，伊卡洛斯（Icarus）翅膀上的蜡在靠近太阳时熔化了，他跌落水中而死。

第二章

牛顿外传

牛顿的人生后半场：造币厂督办和经济警察

*

中国古代有“三不朽”之说：太上有立德，其次有立功，其次有立言。“立德”抽象而且崇高，通常只有孔子、孟子这样的人才配；史海中芸芸众生，但凡能在“立功”或“立言”上有点成绩的，就算“名垂青史”了。将此标准用到牛顿身上，将他创立万有引力理论视为“立言”，虽可能有评价高度不够之嫌，毕竟并无不可；却不知牛顿生前还成就过一番大大的事功，谓之“立功”，毫无愧色。可惜的是，通常的科学史读物对这番事功往往视而不见、只字不提。

牛顿临危受命

牛顿 27 岁担任剑桥大学卢卡斯讲席教授（史蒂芬·霍金生前也曾担任这个职位），45 岁出版《自然哲学之数学原理》，万有引力理论即在其中。次年英国发生“光荣革命”，这年牛顿担任过一年国会议员。到 54 岁那年，即 1696 年，牛顿离开了剑桥大学，前往伦敦接受一项在我们今天看来难以理解的任命——担任皇家造币厂督办（Warden）。

这里先提供一点“庸俗经济学”：牛顿担任卢卡斯讲席教授的年薪是 100 英镑，外加提供食宿，这在当时让一个单身青年在剑桥大学过上体面生活是足够的。而在皇家造币厂的官僚机构中，有“督办”“审计官”和“厂长”三个缺乏明显权力层次的职位（套用今天的概念，可以理解为造币厂的“领导班子”由这三人组成），厂长的年薪是 450 英镑。牛顿上任后一个月，在他本人要求下，获得了和厂长相同的年薪。这也许能够稍稍帮助我们理解，为何牛顿欣然接受了伦敦的新任命，“永远告别了三一学院”，毕竟年薪从 100 英镑增加到了 450 英镑。不过在另一种说法中，牛顿直到 1701 年才正式辞去了卢卡斯讲席教授的职位。

牛顿去造币厂，有点临危受命的色彩。那时英国用真金白银铸造货币（畿尼和银币），但是当时英国的金、银比价高于海峡对岸的法国，于是不法商人从中发现了套利的机制：将英国银币熔化成银锭，到法国去购买黄金，再将这些黄金运回英国，就可以换到更多的银币。当这种现象愈演愈烈时，英国就发生了严重的白银外流和通货短缺。与此同时，伪币和劣币趁机充斥市场，伪币制作和买卖形成异常活跃的地下产业。偏偏这时英国还处在对外战争中，军费开支庞大，经济却陷于混乱，实在是内外交困。

大刀阔斧整顿皇家造币厂

同时解决银币外流和伪币充斥这两个问题的办法并不是没有，而且只要一招就行，即重铸新币。这种新币不仅要加强防伪、杜绝私铸，还要让银币的面值和实际含银量脱钩，即这样的一枚新币上标识的面值是靠王国的公权力背书的，它并不需要真的含有它的面值所标识的白银重量。这本来是现代货币中的常识，不过不要忘记，在1696年，英国甚至还没有纸币！这个老牌帝国主义国家此时还在市场经济中摸着石头过河呢。

既然一举脱困的关键是重铸新币，皇家造币厂当然就重任在肩了，所以政府决定任命牛顿去“强化造币厂领导班子”。牛顿此前虽无任何行政经验，但他已被公认是“英国最聪明的人”，堪当重任。事实证明，这项任命英明无比。

牛顿一到造币厂就先着手扩大权力。他将以前的各种规章法令翻出来，研究造币厂三人“领导班子”的权力结构，尽力做出有利于“督办”权力的解释。当年年底他向财政部提交了题为《造币厂的现状》（*The State of the Mint*）的报告，此后他又连续不断地给上面写各种报告。在开始阶段，牛顿竟每天清晨 4 点开工之前就出现在车间，到夜班开工前他还要前来监督。他观察、计算了各道工序所需的时间，合理安排了流程，极大地提高了工作效率。原先人们认为每周生产 1.5 万英镑钱币已是难以想象了，但牛顿很快让产量提升到每周 5 万英镑，甚至能达到每周 10 万英镑。

牛顿做的这些事都是历任“厂领导”从未做过的。造币厂厂长是个尸位素餐的官僚，拿着高薪却无所事事，还不时搞点贪腐，幸好他对牛顿的工作并不掣肘捣乱，所以牛顿得以在短期内让自己变成了事实上的厂长。他指挥着 500 多个工人和 50 匹马（用来提供铸币机的动力），三年内完成了全国的重铸新币任务，总计 684 万多英镑。英国的经济形势由此得以好转，牛顿实有大功。

将伪币之王送上绞架

令牛顿非常惊异的是，他接受任命时没有人提醒过他，造币厂督办自古就兼领着另一个奇怪的职务——在伦敦及其周围地区执行国王法律的治安官，大致相当于今天的北京市公安局经济侦查大队大队长。

刚开始牛顿对这个兼领的职务非常厌恶，一再请求免除这一职务。想想也是，地位清贵的剑桥大学卢卡斯讲席教授，来管理积弊丛生的皇家造币厂，已经是纡尊降贵了，现在居然还要和制造伪币走私金银的经济罪犯打交道！不幸的是，财政部来了明确指示：牛顿必须履行这项职责。

没有行政经验可以学习，没有刑侦经验当然也可以学习，既然必须履行职责，牛顿很快就将自己变成一位称职的经侦队长。诸如刺探情报、收买线人、安插卧底……甚至刑讯逼供，所有这些脏活累活牛顿都学会了。他很快习惯了在造币厂的办公室里审讯犯人。

牛顿为了完成工作，可以先自掏腰包。据一份名为“皇家造币厂督办牛顿为逮捕和起诉硬币切削者和伪币制造者开销账单”的文件，1696—1699 年，牛顿自掏腰包 626 英镑 5 先令。这笔钱大大超过他当时的年薪，足够建立和培训一支相当专业的经济警察队伍了。

造币厂督办必须兼职经侦队长，其实是有道理的，因为和伪币制造者的斗争是长期而艰巨的，而且需要专业知识。在这方面，牛顿遇到了一个狡猾的对手，并和这个人斗了三年，起先还屡战屡败。

此人名查洛纳（William Chaloner），不是一般的小角色。他虽没受过正规教育，但有一定的文化，会一些手艺，甚至还有一定的经济学见解。从 1691 年起，他大规模制造伪币，技艺娴熟，交易谨慎，获利甚丰，很快过上了富裕的生活，住进豪宅，牛顿说他“摆起了一副绅士派头”，俨然成为上流社会的人物了。

查洛纳虽多次被指控，但他每次都能脱罪。1697 年 9 月 4 日，牛顿又将他逮捕入狱，但是 7 周以后，因证据不足无法定罪，查洛纳再次获释，继续逍遥法外。不过他没有完全意识到的是，一个能够发明万有引力理论的经侦队长一旦和他较上了劲，自己那点江湖经验很快就不够用了。

数次入狱虽未能将查洛纳定罪，但巨额行贿还是显著消耗了他积聚的那些不义之财，这使得已经过惯了奢华生活的查洛纳急于再次赚钱，而这样他就落入了牛顿一直耐心守候着的伏击圈。次年他再度入狱，这次牛顿改变了策略，他收集了大量对查洛纳的指控证词，在法庭上，一个又一个证人出庭，给人的印象是查洛纳的罪行罄竹难书，哪怕有一两件张冠李戴，或一两件夸大失实，也完全无法改变他的滔天罪行，最终他被判处绞刑。当时查洛纳大喊自己是被“谋杀”的。

最后阶段，查洛纳曾在狱中反复向牛顿求饶，但牛顿以铁石心肠对之，不给他任何答复。1699 年 3 月 22 日，查洛纳先上绞架，然后在他还有呼吸的情况下，又被大刀劈成四块而死。牛顿没有出席这场血腥的仪式。

牛顿－莱布尼茨争执案“重审”报告

*

优先权之争是科学史上常见的，牛顿－莱布尼茨（G. W. Leibniz）的争执是科学史上广为人知的优先权争执案例之一，但我通常对这种事情缺乏兴趣，直到自己又写了一篇关于牛顿任职造币厂的文章，这竟让我对牛顿刮目相看。在朋友的撺掇之下，我决定冒险“私设公堂”一回，将牛顿－莱布尼茨案“重新审理”，看看能不能有新的认知。

先审优先权之争

1664 年，牛顿 22 岁，这年秋天他开始研究微积分。1665 年 11 月 13 日，牛顿写了一篇通过具体例子展示微积分的文章。1666 年 10 月，牛顿写了被认定为数学史上第一篇系统论述微积分的文献《流数简论》(*Tract on Fluxions*), 牛顿习惯将自己的微积分方法称为“流数法”。1669 年，牛顿用拉丁文写成《运用无限多项方程的分析》(*De Analysi per Aequationes Ngumero Terminorum Infinitas*), 即《分析学》。1671 年，牛顿完成了《流数法与无穷级数》(*Methodus Fluxionum et Serierum Infinitarum*), 即《流数法》。1672 年 1 月 11 日，牛顿当选皇家学会会员。

虽然这些数学论著当时都未发表，但牛顿 1672 年 12 月 10 日致信柯林斯（J. Collins），解释《分析学》的内容和其中数学方法的用途，柯林斯读了《分析学》十分激动，他背着牛顿悄悄记录了副本——这个副本后来生出无限风波。

莱布尼茨小牛顿 4 岁，也是一时才俊。不过历史学家注意到一个细节：1673 年 2 月 12 日，莱布尼茨在玻意耳（R. Boyle）家中做客时，遇到了著名的英国数学家佩尔（J. Pell）。这个细节的历史意义在于，佩尔使莱布尼茨意识到自己在数学方面还是个“菜鸟”，这才使得莱布尼茨在此后十年中数学造诣突飞猛进。

1673 年 4 月 19 日，莱布尼茨当选了皇家学会会员。1675 年 10 月 29 日，莱布尼茨设计出了积分符号，由字母 S 拉伸变形而来。因为这个积分符号如今全球通用，在争执案中对莱布尼茨的帮助不小。

1684 年 10 月，莱布尼茨在《教师学报》（*Acta Eruditorum*）上发表了数学史上第一篇公开发表的微积分文献《一种求极大、极小值与切线的新方法》（*Nova methodus pro maximis et minimis, itemque tangentibus, quae nec fractas nec irrationals quantitates moratur, et singulare pro illi calculi genus*），即《新方法》。《教师学报》是莱布尼茨和门克（O. Mencke）于 1682 年创办的月刊，被认为是德国第一份学术期刊。

毫无疑问，牛顿在莱布尼茨发表《新方法》之前 20 年就已经开始研究微积分了，虽然他的《分析学》当时并未发表，但有足够的人证物证表明，它确实在 1669 年就已经被写成了。

今天我们从科学史的角度来看优先权，当然要以实际证据为准。那种“以发表时间为准”的判据，本质上是当今学术过度竞争之下的畸形规则。牛顿 – 莱布尼茨争执案恰恰展示了这种规则的不合理性。

再审抄袭之争

如果确认了牛顿的优先权，那牛顿抄袭莱布尼茨的可能性当然就不必考虑了。于是只剩下莱布尼茨抄袭牛顿的可能性需要考察。

莱布尼茨发表《新方法》之前和牛顿是有交往的。例如1676年6月13日和11月3日，牛顿曾两次致信莱布尼茨。在后一封信中，牛顿使用“回文构词法”（anagram）谈到了他的流数法，比如“在方程式中，由任意流量值均可求得它的流数，反之亦然”这句话，牛顿写成“6accdoe13eff7i319n4o4qrr4s8t12ux...”。研究者相信，莱布尼茨不可能破解牛顿的隐语。

但是对莱布尼茨非常不利的是，他在客观上确实有抄袭牛顿的条件。因为从1676年10月18日起，莱布尼茨在伦敦停留了一周，这期间他从柯林斯那里读到了牛顿的《分析学》，并做了笔记！

考虑到1673年莱布尼茨还是数学菜鸟，他读了牛顿的《分析学》又过了8年才发表《新方法》，他抄袭牛顿的客观条件确实存在。当然，客观上存在抄袭的可能性，并不意味着他就一定真的抄袭了，也不意味着他主观上就一定有这样的动机。因而莱布尼茨是否抄袭牛顿的微积分，至此尚难定论。

在发表《新方法》之后的15年间，莱布尼茨和牛顿至少在表面上仍是友好的。例如，1687年在《自然哲学之数学原理》首版中，牛顿称莱布尼茨为“卓越的几何学家”，他写道：在通信中，“我向他暗示自己找到了求极大极小值，求切线等问题的方法，这位著名的学者回复说他也得出了类似的方法，并向我透露，我们的方法很相似，只是使用的语言和符号不同”。

1693 年，牛顿和莱布尼茨相互致信时，还在信中相互恭维吹捧。1694 年，莱布尼茨在致惠更斯（Christian Huygens）的信中还表示，他乐意与牛顿分享发明微积分的荣誉。

抄袭指控激发人性之恶

风云突变是在 1699 年，法蒂奥（N. Fatio）在文章中指控莱布尼茨抄袭牛顿的微积分。抄袭的指控不仅排除了双方共享荣誉的可能性，而且迅速激发出双方的人性之恶。1700 年 1 月 31 日，莱布尼茨向皇家学会控诉法蒂奥，这次牛顿没有出面支持法蒂奥，莱布尼茨似乎得到了“公道”。

此后，1703 年 11 月 30 日，牛顿当选皇家学会会长，1705 年 4 月 16 日，牛顿被女王授予爵士头衔，牛顿的声誉如日中天。莱布尼茨却在 1705 年的《教师学报》上匿名撰文，暗示牛顿抄袭自己的微积分理论。这显然激起了牛顿阵营的义愤，于是基尔（J. Keill）于 1708 年在皇家学会期刊《哲学学报》上撰文指控莱布尼茨抄袭。

1711 年，莱布尼茨向皇家学会控诉基尔，基尔于当年 5 月 24 日向皇家学会提交了答复莱布尼茨的信件。1712 年 3 月 6 日，皇家学会指定了“仲裁委员会”审理莱布尼茨的指控案。1712 年 4 月 24 日,“仲裁委员会”向皇家学会提交了审理报告，结论是:“我们认为牛顿先生是微积分的第一创立人，并认为基尔先生只不过陈述了上述观点，并不对莱布尼茨先生构成伤害。”莱布尼茨的回应是：1713 年 7 月 29 日再次发表匿名文章指控牛顿抄袭自己。

牛顿的态度相对比较温和：在 1713 年《自然哲学之数学原理》第二版中，仍然保留了对莱布尼茨的友好论述。不过到了 1716 年 2 月 26 日，牛顿致信莱布尼茨，强调皇家学会“仲裁委员会”的审理报告是公正的，他“不打算收回哪怕是其中的一个字”。

1716 年 11 月 14 日，莱布尼茨去世，看起来他在争执中落了下风。1726 年,《自然哲学之数学原理》第三版发行，牛顿删去了前两版中关于莱布尼茨的论述。1727 年 3 月 20 日，牛顿去世。

回顾争执案长达半个多世纪的前因后果，我虽尽量让自己保持中立，但仍不得不承认，现有材料对牛顿有利。

另外，我感觉两人都有点被“逼上梁山”的光景，逼迫他们的是身边各自的拥趸和粉丝，比如牛顿阵营的法蒂奥和基尔，他们率先发起抄袭指控。这些人的行为有点像“架秧子”“看热闹不嫌事大”，至少对各自崇拜的偶像缺乏深思熟虑的爱护之心。

至死方休：牛顿与胡克的“战争”

*

牛顿与莱布尼茨关于微积分发明权的争执广为人知，我已在上一篇文章中“重审”了一回，认为现有证据对牛顿有利。其实从现有材料来看，曾经在心理和情绪上给牛顿造成伤害的人，不是和他争执多年的莱布尼茨，而是他的同胞、他在皇家学会的同事胡克（Robert Hooke）。

最让牛顿受伤的人

今天一说起牛顿，公众首先想到他的万有引力理论，然而当初牛顿最看重的却是自己的光学发现和理论。其实从古希腊人托勒密，到中世纪阿拉伯的天文学家，再到文艺复兴后期的开普勒，都对光学极为重视，牛顿在这一点上仍然和自古以来的传统保持着一致。

牛顿在1672年2月号的《皇家学会哲学通报》（*Philosophical Transactions of the Royal Society*）上发表了关于光学的稿件，这份稿件后来通常被称为“光与色的理论”。当时的皇家学会实验主任胡克，没把牛顿这个刚刚当选皇家学会会员的30岁年轻人太当回事，他在没有认真研读领会牛顿文章的情况下（据他自己说看了3个小时），就对此发表了草率的评论，他在提交的报告中说，牛顿所陈述的现象“已被测试过千百遍”，而牛顿用来解释光的颜色的假说则是不能成立的。牛顿相信光是粒子，但在这份稿件中，确有混淆“假说”与“得到实验确认的理论”之嫌，胡克抓住这点瑕疵，就对牛顿的工作大加贬抑。

胡克不负责任的评论让牛顿非常生气——据说他是“因为被人指出毛病而生气”。牛顿是个内向的人，刚当选为皇家学会会员，作为新人来科学界初试啼声，就遭到胡克泼来兜头冷水，确实大受打击。在1672年12月5日，他给皇家学会秘书奥登伯格（Henry Oldenburg）的信中，牛顿幽怨地说：“我已经受够了，因此决定今后只关心我自己，不再关心促进哲学计划的实现。”有些研究者相信，牛顿当时不愿发表他在微积分方面的发明，也与此有关。而次年当他得知起先赞成他光学理论的权威惠更斯也站到胡克阵线否定自己时，更是心灰意懒，竟致信奥登伯格，表示打算退出皇家学会！

飞扬跳脱的胡克其人

胡克生于 1635 年，长牛顿 7 岁。出身贫寒，13 岁那年父亲上吊自杀。胡克有绘画天分，遂往伦敦学画，得到画家赏识，入牛津基督教会学院，接受了很好的教育。大学毕业后胡克进入玻意耳实验室任助理，由此结识了皇家学会的许多早期会员，他本人也得以跻身皇家学会原始会员之列。

皇家学会成立于 1660 年，因为玻意耳的关系，胡克 1662 年起担任皇家学会实验室主任，可谓"出道"甚早。到牛顿当选皇家学会会员那年，胡克已经担任此职 10 年之久了。近年的研究表明，胡克是皇家学会原始会员中最活跃的人（没有之一），例如在 1663—1664 年度的 52 次学会会议中，胡克出席了 47 次。

胡克有成名作《显微制图》（*Micrographia*），书中不仅论述了显微技术，还有关于光的一些原始理论。这当然和他的绘画才能以及在显微技术上的推进有关，同时也仍然有着前文所述自古以来重视光学的传统影子。牛顿曾细读此书，据说私下里十分佩服。

但是要说到为人，胡克和牛顿则大相径庭。牛顿性格内向，不近女色，宁愿在书斋里思索和做实验，研究他的光学、炼金术、万有引力等等。胡克却是飞扬跳脱，嚣张高调，喜欢在咖啡馆里高谈阔论，身边还经常有情妇陪伴。胡克也是非常聪明的人，虽然在许多事情上浅尝辄止，但涉猎广泛，也算成就颇多。

牛顿虽因自己的光学理论被胡克否定而很受伤，但仍然奋起为自己辩护。他写了反驳文章在皇家学会会议上宣读，胡克出席了会议，但牛顿的反驳让他无言以对。这次会议的记录被发表在《皇家学会哲学通报》上。学会还做出决议，责成胡克重新评价牛顿的理论，并实施牛顿所说的实验，以验证牛顿的光学理论是否正确，并要求胡克尽快提交报告。考虑到胡克担任皇家学会的实验室主任，这对他来说确实责无旁贷。

1675 年 12 月，牛顿又向皇家学会提交了两篇光学论文：《解释光的性质的假说》(An Hypothesis Explaining the Properties of Light) 和《论观测》(Discourse of Observations)。他与胡克的争端再次开启。胡克说牛顿从《显微制图》中获得了灵感，提出的理论却是错误的。但胡克不得不执行皇家学会四年前的决议，1676 年 4 月 27 日，他在学会当众演示了牛顿《光与色的理论》中的实验，证明牛顿的理论是成功的。这种用做实验来定理论的真伪，被牛顿称为“实验的十字架”(experimentum crucis)。

“站在巨人的肩膀上”

胡克和牛顿还有在万有引力问题上的争端。万有引力理论当然有一个形成和完善的过程，有些人认为，胡克在万有引力理论的确立过程中有过贡献，但这种观点远未成为科学史上的共识。此事的梗概如下。

在牛顿《自然哲学之数学原理》问世之前的十来年间，胡克也对行星运动理论产生了兴趣。1679 年，他曾致信牛顿企图重建友好关系，并征求牛顿对行星运动的看法。牛顿礼节性地回了信，信中谈论了一点关于重力作用下物体运行轨道的内容。不幸的是牛顿信中谈的这部分有错误，而胡克凭借他的小聪明敏锐地发现了这一点，于是就在皇家学会会议上公开了牛顿的信，并且耀武扬威地指出了牛顿的错误。

牛顿受此羞辱，仍很克制地给胡克回了信，承认了自己的错误。然而再次不幸的是，牛顿这封信的论述中又有错误，而且又被胡克看出来了。胡克故伎重演，再次在皇家学会会议上公开牛顿给他的复信，并且又对牛顿的错误大张旗鼓地谈论了一番。按照权威的牛顿研究者怀特（Michael White）的意见，胡克虽然发现了牛顿的错误，甚至还凭小聪明猜到了正确答案，但他完全没有能力在数学上证明自己的猜测。

虽然胡克擅自公开他和牛顿的私人通信来博取声誉，诋毁同行，纯属小人行径，但从客观效果来说，他对牛顿的羞辱还是对牛顿有所启发和帮助的。《自然哲学之数学原理》于 1687 年问世时，一切错误都已纠正，并且给出了完美的数学证明。

“假如我看得比较远，那是因为我站在巨人的肩膀上。”这是牛顿的名言，语出 1676 年 2 月 5 日牛顿致胡克的信。主流的科学史读物通常从正面来理解这句话。但富有八卦情怀的科学史研究者则比较喜欢将这句话解释成牛顿对胡克的讽刺，因为胡克个子矮小，而且驼背，其貌不扬。有“考据癖”的研究者还补充论证了牛顿写这封信之前确实已见过胡克本人：牛顿当选了皇家学会会员却很少出席学会会议，而他 1675 年 2 月 18 日第一次出席会议时，几乎逢会必到的胡克确实在场。

1703 年发生了三件事：胡克去世、牛顿当选皇家学会会长、皇家学会迁往新址。新会长、新会址、新气象，但学会仅有的一幅胡克的画像在搬迁中丢失了。

牛顿与炼金术

*

今天如果说起牛顿，绝大部分人首先想到的是他的万有引力理论，这主要是学校教育造成的结果。这个结果从历史意义的角度来说确实合理，尽管在当时，有不止一件别的事情吸引着牛顿更多的注意力，比如与莱布尼茨发生优先权之争的微积分，或是因胡克的打压而让他痛心疾首的光学，甚至包括皇家造币厂督办和经济警察的职务。这些事情中还有一件很少被注意到，那就是炼金术。

为什么牛顿被称为“最后的炼金术士”？

不管牛顿自己当时更重视的是光学还是微积分，都还和后世形成的牛顿“科学之神”的形象相符合，但是在 1936 年，著名的苏富比拍卖行拍卖了一宗名为“朴次茅斯收藏”的古物之后，局面就为之大变了。

这宗“朴次茅斯收藏”正是牛顿的遗物。著名经济学家凯恩斯（J. M. Keynes）先前就已开始收藏有关牛顿的文物，此次拍卖会上他拍得了牛顿的一些秘密手稿，此后他又通过书商，设法聚齐了牛顿的大部分炼金术手稿。

皇家学会在得知凯恩斯获得了牛顿的秘密手稿之后，就邀请他据此撰写新的牛顿传记，并在牛顿诞辰 300 周年纪念会上宣读。然而第二次世界大战耽误了预定的纪念会，当 1946 年这场延期的纪念会终于举行时，凯恩斯已经去世，遂由凯恩斯的弟弟宣读了凯恩斯生前撰写的新传记《牛顿其人》（*Newton: the Man*）。这篇传记还被收入《皇家学会牛顿诞生三百周年纪念》（*Royal Society Newton Tercentenary Celebrations*）一书中。

凯恩斯根据他所收集的牛顿炼金术方面的秘密手稿，揭示了牛顿和炼金术之间的隐秘关系，这种关系在此之前堪称世人闻所未闻。凯恩斯在新传记中给出了一个惊人的结论：牛顿并非人们想象中的“科学之神”，而是“最后的巫师”（The last of the magicians)！于是，此后怀特将他的牛顿传记取名为 *Isaac Newton：The Last Sorcerer*（直译为“艾萨克·牛顿：最后的炼金术士”）。

谁引导了牛顿的炼金术研究？

牛顿其实很早就涉足炼金术了，从现有材料看，牛顿 1667 年就开始自学化学，而他最早的炼金术实验从 1669 年就开始了——牛顿有做详细实验记录的良好习惯（这个习惯至少在他的光学研究中发挥过重要作用）。这也正是他写了微积分学奠基性作品《分析学》的年份。

在英国，炼金术的名声在相当长的时间里并不很好。英国国王亨利四世 1404 年颁布的法规规定“私造白银和黄金”为非法行为，这样的法令可以被理解为某种“反炼金术”的法律。当然统治者的态度是变化无常的，例如英国国王亨利八世和伊丽莎白一世都愿意亲近炼金术士。在牛顿的时代，大致情况是，不少人对于公开从事炼金术活动心存顾虑，他们往往喜欢将“炼金术”（alchemy）和“化学”（chemistry）混为一谈。而炼金术士活动往往行事低调而隐秘，牛顿本人也基本上属于这种情况。

在牛顿炼金术世界的引路人中，最重要的或许是玻意耳，牛顿甚至认他为导师。玻意耳现在通常被称为“化学家”，他比牛顿年长 15 岁，是皇家学会的发起人之一。当牛顿开始涉足炼金术时，玻意耳在这个领域已经声名大噪。

牛顿首次与玻意耳会面是在 1675 年，当时玻意耳在《皇家学会哲学通报》9 卷 122 期发表了《与黄金同在时水银的增温反应》（Of the Incalescence of Quicksilver with Gold），这被认为是一篇炼金术文献。而牛顿认为将这样的炼金术发现向公众披露（玻意耳打算如此）是非常危险的，他甚至写信给皇家学会的秘书奥登伯格，表示“我要求高贵的作者凭其伟大的智慧保持沉默”。但是玻意耳觉得将自己的发现公布于众无所谓，因为他对自己的炼金术研究并不遮遮掩掩，据说这和他的贵族出身有关——有恃无恐，不必瞻前顾后、患得患失。

另一个对牛顿的炼金术活动有重要作用的人是库伯（William Cooper），一个买卖非法书籍和珍稀文献（这两者往往难分彼此）的商人。牛顿通过库伯购买了一些在欧洲流行的炼金术手册，并借助库伯的引介进入了隐秘的炼金术小圈子。

在牛顿阅读的前人炼金术著作中，有两个作家可能最为重要。一个是英国炼金术士阿什莫尔（Elias Ashmole），著有《不列颠化学演示》（*Theatrum Chemicum Britannicum*）六大卷，里面包括不少神秘文献。另一个是更早一些的德国炼金术士梅尔（Michael Meier），牛顿研读过他的《金色西弥斯》（*Themis Aurea*）、《十二祭坛金饰象征》（*Symbola Aureae Mensae Duodecim*）等书，而且都做了批注；梅尔还有另一部著作《第七哲学》（*Septimana Philosophica*），讨论炼金术的渊源，这本书可能对牛顿的影响更为深刻。

牛顿的炼金术“段位”

牛顿长期过着某种几乎是双重人格的生活，一面积极参加皇家学会的科学活动，一面悄悄从事炼金术活动。他用笔名“唯一圣神”（Jehovah Sanctus Unus）在炼金术士的小圈子里活动。由于牛顿的刻意隐藏，要判断他在炼金术领域达到了何种“段位”并不容易。很难从他同时代人的著作中找到相关史料，目前能够依靠的文献基本上只有两类：一是牛顿的炼金术手稿，包括他的实验记录；二是牛顿藏书中与炼金术有关的书籍。

在牛顿留下的 1896 册藏书中，有关炼金术和化学的有 169 册，占比为 8.9%，这显然是一个不容忽视的比例。这些书中，梅尔的著作以 9 种之多独占鳌头，阿什莫尔的《不列颠化学演示》六大卷也在其中，而且被认为是牛顿炼金术藏书中最常参阅的核心部分。

牛顿曾依照玻意耳的方法进行过一些实验，例如他尝试将不同的金属加入水银的硝酸溶液中，但结果让他失望，他并未得到期望中的“哲人使者”。记录表明，这样的实验牛顿至少做过两次。后来，他逐渐对玻意耳的方法感到失望，开始用他自己的方法进行实验。1675 年，他写下的短文《实验论》（*Clavis*），被认为是他早期炼金术研究的总结。

牛顿在炼金术上的最高成就，可能就是他制得了“轩辕十四锑”，这是锑元素和铁相互作用后产生的一种结晶，相传它因有星辰般的光芒而引发炼金术士们的遐想，他们认为它是制造“点金石”的材料。据牛顿 1672 年信件中的陈述，他在 1670 年底之前制得了“轩辕十四锑”。当然他也知道，这对于“点金石”的高段位来说只是万里长征中的一小步。

牛顿在 1673 年扩大了他的炼金术实验室，不幸的是，1677 年和 1678 年之交，一场意外的火灾使牛顿的实验室几乎化为灰烬。他的仪器设备和炼金术文献毁于一旦。有人认为这是牛顿在炼金术研究上乏善可陈的原因，但从根本上说，牛顿在炼金术上没有取得什么值得称道的成就，不能归咎于那次失火。事实上，炼金术毕竟不是物理学，它原是虚妄之事，再伟大的天才也无法从虚妄之事中获得实际成果。

第三章

神刊背后

《自然》杂志登龙术（1）素颜篇

*

英国《自然》（*Nature*）杂志创刊于 1869 年，经过一个半世纪的经营，非但享有“国际顶级科学期刊”盛誉，而且实现了既有极高学术声誉，又能开心赚大钱的“双效益”，实属全世界期刊梦寐以求之“神刊”境界。其经营之道，登龙之术，“套路”之深，可得而言。而“素颜”者，清水芙蓉，未加雕饰，以喻《自然》杂志创刊之初心。当是时也，“套路”尚在摸索之中，《自然》杂志呈现的是它的本来面目。

众人视而不见，《自然》却引以为荣的创刊宗旨

19 世纪英国有著名的科学团体“X俱乐部”（X Club），由赫胥黎等九人组成，除哲学家斯宾塞外，其余八人都是英国皇家学会成员。他们模仿美国科普杂志《科学美国人》（*Scientific American*，创刊于 1845 年，至今犹在）创办了《自然》杂志。那时美国人还常被欧洲上流社会人士视为没文化的暴发户，想不到对于这份美国人的通俗科普杂志，X 俱乐部的英国先生们倒是“从善如流”，虚心模仿起来。

《自然》杂志的发刊词是赫胥黎写的，他公然“抄袭”了歌德的诗篇《自然》，并表示：对“旨在呈现人们对大自然各种表象的理解过程，也就是我们所谓的科学过程”的这本《自然》杂志而言，没有任何比这首诗更合适的前言了。

对于自身的科普性质，《自然》杂志从不讳言，杂志现任主编坎贝尔（P. Campbell）在《〈自然〉百年科学经典》（*Nature: the Living Record of Science*）中文版前言中，对此说得非常清楚：“在《自然》初创的前几十年里，它更像是一份‘科学新闻’，在报道新颖研究和学术会议的同时，也报道了至少同样多的杂谈、传闻和奇闻趣事。”

更能说明问题的是《自然》杂志上刊登的办刊宗旨，先引了华兹华斯（Wordsworth）的诗句“思想常新者，以自然为其

可靠之依据”，然后叙述其宗旨云：

> 首先，将科学研究和科学发现的重大成果呈现给公众，并促使科学理念在教育和日常生活中得到更为普遍的认可。其次，帮助科学家自己，为他们提供自然科学各个分支在世界范围内取得的所有进展的最新信息，为他们探讨不时出现的各种科学问题提供交流平台。为实现这一双重目标，本刊将尽可能严格地遵循下列标准。本刊将刊载一些公众普遍感兴趣的论文，内容包括：
>
> 一、由科学界杰出人士撰写的文章，这些文章将涉及与实际事物、公共健康以及物质文明相关的自然知识的各个领域，以及科学进展及其教育与教化功能等方面；
>
> 二、对公众普遍关注的科学发现所做的详尽叙述……

对于《自然》杂志的上述办刊宗旨，《〈自然〉百年科学经典》中文版加的“编者按”简要总结为：“《自然》一开始就打算既面向一线科学家，又面向普通大众。这个宗旨一直遵循至今。”但是，《自然》杂志上述秉持至今的办刊宗旨，却长期被它的崇拜者视而不见或讳莫如深，因为这样的办刊宗旨看起来是和“国际顶级科学期刊”的身份格格不入的。

“素颜”时代的《自然》杂志创刊号赏析

让人稍感奇怪的是，前文引述的“《自然》的宗旨”（Nature's Aims）并没有按照常理出现在《自然》杂志的创刊号上（1869年11月4日），而是出现在第二期上。为什么会如此，连现任主编坎贝尔也表示“原因不详”，这或许突显了这本杂志的悠久历史。

如果我们想领略一下“素颜”时代的《自然》杂志是何光景，最简单的办法当然是来看看它创刊号上的文章。在总共30页的创刊号上，让我们来看两篇最“正经”的文章。

第一篇是《论冬季开花型植物的受精作用》（On the Fertilisation of Winter-Flowering Plants）——这也是《自然》杂志上的第一篇“研究论文”。作者讨论了这样一个问题：冬季很少有昆虫飞行，那些冬季开花的植物如何完成受精呢？他报告说，根据他在1868—1869年冬天的观察，认为这些植物是“自花受精”的。

这篇文章占据了第11~13页的篇幅，附图5幅。全文没有文献及注释，没有表格。作者贝内特（A. W. Bennett）可不是什么植物学家，而是“伦敦的一位出版商和书商”！

用今天的标准来看，“素颜”时代《自然》杂志上的这第一篇“研究论文”，只能算一个“民科”写的科普文章，描述了自己对几种植物的观察而已。因为这篇文章根本不具备今天学术文本的形式要件——前人研究综述、文献和注释、表格、摘要等等。

再看第二篇文章:《近期的日全食》(The Recent Total Eclipse of the Sun)。这篇文章占据了第13~14页，有光谱照片和日食照片各一张，也没有任何文献、注释、摘要及图表，当然也不具备学术文本的形式要件。让我们先来欣赏一下开头:

> 如果说我们的美国兄弟因为担心会从边缘掉到海里(就像他们中的某些人说的那样)而不愿意造访我们这座小岛，那么那些对天文学有强烈兴趣的人可能就完全不愿意来了，因为在我们不列颠岛这样的小地方基本上就看不到日食。

是不是相当出人意表?我们今天的学术文本，当然不允许在本应进行“前人研究综述”的位置上闲扯这样的废话。

比较牛的是这篇文章的作者——时任《自然》杂志的主编洛克耶(N. Lockyer)。洛克耶可不是什么“民科”，他是欧洲天文学界戴头识脸的人物，他的主要成就是通过分析太阳光谱推断出一种新元素“氦”的存在。

不过大煞风景的是，用今天的标准来看，在欧洲享有天文学声誉的主编，在这篇文章中却提出了一个具有双重错误的结论，洛克耶认为日冕不是太阳的一部分，而是地球大气或月球大气引发的现象。现在我们当然知道，日冕就是太阳的一部分，而月球根本就没有大气。

“处理女英雄确实非我所长！”

也许某些不愿意看到《自然》杂志“素颜”的人，正在越来越失去耐心，他们中有人正准备愤然质问：你为什么要挑这两篇文章来“赏析”？你是不是居心叵测，想诋毁我们心中崇拜的《自然》杂志?

告诉你，这两篇文章不是我选的，它们是《自然》杂志现任主编坎贝尔选的。

这两篇文章来自《〈自然〉百年科学经典》。该文集共出版十卷，目前已出版至第七卷，总顾问李政道、英方主编坎贝尔、中方主编路甬祥。文集甚至收进了一些在主编看来“简直算得上臭名昭著”的文章，比如关于“水的记忆”，以及关于“冷核聚变”的文章，这两件事基本上已被科学界判定为骗局——不过那都是“素颜”时代以后的事情了。

让我们将目光收回到洛克耶主编身上来。下面的逸事表明他是寓教于乐的高手，而且富有文学情怀：作家哈格德（H. Haggard）告诉洛克耶，他正在构思一篇幻想小说，洛克耶就把著名天文学家爱丁顿（A. Eddington）引入了讨论——那时可没有微信群。哈格德向爱丁顿请教，他小说中一个超人沉睡了 25 万年，但醒来仅仅通过观看星空如何能知道自己沉睡了 25 万年？爱丁顿很快回信对该问题做出了详细解答。哈格德接着询问：要用什么科学方法才能让超人的女儿阻止她父亲的恶行，并在这个过程中丧生？爱丁顿断然拒绝："处理女英雄确实非我所长！"

洛克耶就是这样办杂志的，他在《自然》杂志首任主编岗位上工作了 50 年。

《自然》杂志登龙术（2）美妆篇

*

前文以少女喻《自然》杂志，说它初创之时，作为一本大众科普杂志，“清水出芙蓉，天然去雕饰”，保持了一段“素颜”时期。但少女总要长大，一旦成年就要进入“社交界”，难免要修饰打扮，化妆是必须的。故“美妆篇”者，略窥《自然》杂志经营之道。这些经营之道，谈不上《自然》杂志的独门绝技，而是不少杂志都在不同程度上奉行的，故对一般的科学杂志，也不无参考价值。

《自然》杂志的常规经营之道

在创办初期,《自然》杂志致力于传播科学的最新进展,宗旨是“将科学研究和科学发现的重大成果呈现给公众”,完全是科普性质的。《自然》杂志现任主编坎贝尔说得非常清楚:“在《自然》初创的前几十年里,它更像是一份‘科学新闻’,在报道新颖研究和学术会议的同时,也报道了至少同样多的杂谈、传闻和奇闻趣事。”

刚开始时,《自然》杂志未必赚钱,但他们定下了这样一个方针:把《自然》杂志办成时尚的、拥有广大读者的、享有学术声誉的,同时又能够有丰厚商业利润的杂志。

在促销方面,《自然》杂志长期不遗余力,有多种手段。

第一,给科学家寄赠杂志。20 世纪 90 年代《自然》杂志大举拓展中国市场,我当时只是中国科学院上海天文台的副研究员,也曾获赠杂志。

第二,追踪国际学术会议,并在会上免费发放杂志。国内杂志偶尔也会用这招。

第三,在一部分杂志中夹送读者调查卡、“读者服务卡”(其实就是优惠卡)之类。

第四,经常强调和宣传自己的杂志如何优秀,如何高端,常用的“亮点”有以下几点。

一是《自然》杂志有许多大牌作者、曾发表过许多重要论文。确实,《自然》杂志的声望总是与它发表过的那些科学史上的重要论文联系在一起，如中子的发现（1932 年)、核裂变（1939 年)、DNA（脱氧核糖核酸）双螺旋结构（1959 年)、板块构造理论（1966 年)、脉冲星的发现（1968 年)、南极上空臭氧空洞（1985 年)、多利羊的克隆（1997 年）等等。

二是杂志的编辑团队极其优秀。这在很大程度上确实是事实。

三是杂志的作者和读者的国际化程度很高。

四是杂志读者中 80% 以上都拥有博士学位——很难想象这样的数据是如何获得的。

《自然》杂志上的广告

《自然》杂志还有一点与我们国内的学术期刊大不相同——它是有广告的。但它在页码编排上比较规范：它的广告是不计页码的，因此后期建成数据库或者在官方网站上公布过刊文档时，都只有正式文章。

当然，帕尔格雷夫·麦克米伦（Palgrave Macmillan,《自然》杂志的出版商）的亚太地区总裁亲口告诉我,《自然》杂志也是有软文的，比如介绍某些科研团组、项目或实验室的文章，也是收费的，这些软文是有正常页码的。

许多著名杂志有公开的广告价格，但《自然》杂志与它们不同，它的广告和软文价格都不公开，而是面议。

目前，《自然》杂志在英国、美国、日本、中国四国印刷，每周四出版。近年的英文版《自然》杂志上有很多中国学校的中文广告，其实这些学校主要是面向中国招生，本身不一定有多好，登这种广告就是用《自然》杂志的权威性来背书。

事实上，《自然》杂志从 1869 年创刊至今，从来就不像我们想象的那样“科学”，它一直在刊登许多并不那么“学术”的东西。只是在科学主义的传统科学评价体系中，这些“常常异想天开，有时荒唐无稽，总是令人吃惊”的内容会被人为过滤掉。《自然》杂志在国内学界所呈现的神化幻象，也是由这种过滤的帮助形成的。经过这种过滤，广告就不会被国内的崇拜者注意到了。

《自然》杂志的“学术性”建设高潮

《自然》杂志从 1869 年创刊至今，它上面刊登的学术文本和大众文本的数量比例经历过明显的演变。

第一阶段，创刊至20世纪30年代，它只发表极少数量的“论文”。总体而言，这一时期它确实是一份忠实履行其创刊宗旨的大众科学期刊：将科学成果和科学的重要发现以通俗的形式呈现给公众；促使公众在教育和日常生活中对科学有更普遍的了解；也为科学人士提供一个定期相互了解、交流各自工作成果的平台。

第二阶段，20世纪40年代起，《自然》杂志开始增加学术文本的数量，20世纪60年代是它发表学术文章数量最多的阶段，每期上的“论文”和“通信”多达60多篇——当然很多是篇幅短小的，但也总有几篇长文。

这一阶段《自然》杂志如此加强“学术性”建设，很可能是为了获得学界对其“学术期刊”的身份认同。读者可以通过一个相当八卦的故事来帮助理解。

英国著名科幻作家威尔斯（H. G. Wells）一生著述甚丰，除了科幻，他在其他领域涉猎也相当广泛。他与《自然》杂志之间有着长达半个世纪的深厚渊源，《自然》杂志先后发表过威尔斯署名的文章26篇、关于威尔斯作品的评论文章36篇、与威尔斯相关的文章17篇——这样的发文数量在整个《自然》杂志历史上都极为罕见。

但威尔斯有一个心愿终生未了——入选英国皇家学会会员。为此他年过70还向伦敦大学提交了博士论文并获得学位，

《自然》杂志还刊登了他学位论文的节选。一些科学界人士也帮忙呼吁，但都无济于事。斯诺（C. P. Snow）提到的皇家学会拒绝威尔斯的理由是："皇家学会当前只接受从事科学研究或对知识做出原创性贡献的人士为会员。威尔斯是取得了很多成就，但并不符合可以为他破例的条件。"

可见，威尔斯在《自然》杂志上发表的文章并没有被英国皇家学会看作"科学研究或对知识做出原创性贡献"的成果。被《自然》杂志"宠爱"了将近半个世纪的威尔斯，始终未能获得英国主流科学共同体的接纳，这只能证明，至少在威尔斯生活的年代，《自然》杂志在英国学界眼中还只是一份普通的大众科学读物。

从年代上看，威尔斯终生未能入选皇家学会的故事，正好和《自然》杂志 20 世纪 60 年代的"学术性"建设高潮衔接起来。

"学术性"建设高潮的效果看来是不错的，《自然》杂志逐渐获得了更高的"学术声誉"，有了"国际顶级科学期刊"的光环。当然，它在中国获得了超乎想象的崇高地位，以至于出现了"在《自然》杂志发了文章，当院士就是时间问题了"这样的传言，那当属《自然》杂志的"不虞之誉"。况且这个传言如今早已失效，因为"在《自然》杂志发文"对中国学者来说已经渐渐不稀罕了。

在《自然》杂志的“学术性”建设高潮中，失误也是难以避免的，有时甚至是严重的失误。例如 1950 年，当时著名的“皮尔当人化石”发掘出来已经有 38 年了，学者们纷纷加入讨论，“然而直到此时，还没有人会想到皮尔当化石是个骗局”，《自然》杂志也未能免俗，在 1950 年发表了《皮尔当人年代的新证据》（New Evidence on the Antiquity of Piltdown Man）这样的论文。几年后骗局被揭穿，“皮尔当人”成了学术造假的典型之一，《自然》杂志当然也刊登了几篇相应的“揭露造假”的文章（1953 年）。

但是，谁也没有料到，《自然》杂志这个“学术性”建设高潮很快戛然而止——因为另一个蛊惑人心、轰动江湖的游戏开始了。

《自然》杂志登龙术（3）整容篇

*

前两篇文章谈到《自然》杂志初创时的“素颜时代”和逐渐使用常规经营手段的“美妆时代”，后者无疑持续了半个世纪甚至更久，在这个时代的后期，《自然》杂志大量刊登学术文本，仿佛要从科普杂志向学术杂志转化。本来这个初见成效的策略很可能会持续下去，但 20 世纪 70 年代一个全新的游戏闪亮登场，导致杂志江湖风云突变。

《自然》杂志此时已是百年老妪，但杂志毕竟不等于人类，作为杂志也许此时方在盛年，它念念不忘与时俱进，而且还要引领风潮。它敏锐地觉察到，如果将这个游戏玩好了，那效果岂止“美妆”而已，简直就是一台重大的整容手术，可以让自己脱胎换骨！

加菲尔德发起影响因子游戏

“影响因子之父”尤金·加菲尔德（Eugene Garfield）是影响因子游戏的发起和鼓吹者，他的私人商业公司“美国科学情报研究所”（ISI，以下用英文简称）1964 年首次出版 SCI（科学引用索引，Science Citation Index）报告，1975 年开始逐年出版“期刊引证报告”（Journal Citation Report，即通常所称的 JCR 报告），这是对 SCI（后来包括社会科学索引报告，SSCI 和艺术人文引用索引报告，A&HCI）“引用索引”数据进行整合处理后的衍生产品，SCI 期刊影响因子排名即在此报告中。

在思想渊源上，“引用索引”来自美国一种法律工具书的启发。美国法院判案时，要求与本院或上级法院此前对相似案例的判决一致，法律出版商谢帕德（F. Shepard）1873 年开始出版名为《谢帕德引证》的工具书，在判例和援引案例之间建立索引，并标记判例是否已被推翻、撤销、修改或加入限制条件。该书出版后大受欢迎，法律界几乎人手一册。

在科学界，作为期刊评估手段，SCI 和 JCR 报告的嚆矢可以追溯到格罗斯（Gloss）夫妇 1927 年发表在《科学》（*Science*）上的文章。他们试图解决在图书馆经费有限的情形下，参照什么标准订购化学期刊对读者最有利，他们的方案是选取知名期刊《美国化学学会杂志》（*Journal of the American Chemical*

Society），对它 1926 年发表的 247 篇文章的 3633 条参考文献进行统计，按引用次数对所有被引刊物进行排序，被引次数越多的期刊就越重要，图书馆可照此清单订购。这种方式很快被借鉴推广到别的学科领域。

加菲尔德的 SCI 作为影响因子报告的数据基础，不再区分学科类别，收录期刊逐年增加，到 2016 年已达 8778 种——当然也就难免鱼龙混杂。但最根本的一点是，SCI 和影响因子从一出生就是商业产品，赚钱是它们与生俱来的属性。这种属性也是加菲尔德不遗余力推行影响因子游戏的真正动力。为此，他从 1955 年起在《自然》《科学》杂志上先后发表数十篇文章鼓吹 SCI 和影响因子，甚至造出现今早已破产的“SCI 可以预测诺贝尔奖”的学术神话。

《自然》杂志与加菲尔德心照不宣的共谋

影响因子游戏从技术上看确实大有名利双收的潜质，一直不忘与时俱进的《自然》杂志“慧眼识珠”，立刻与加菲尔德展开了一段迄今尚未被人关注的合作。这段合作是如此心照不宣、配合默契，不啻一曲流畅动听的四手联弹。

加菲尔德与《自然》《科学》两家期刊的共谋合作，最明显的莫过于他多次修改影响因子的计算公式。

1955 年，加菲尔德最初将影响因子定义为“一篇文章的被引用次数”。

1963 年，加菲尔德将影响因子定义修改为“期刊文章的平均被引用次数”。

1972 年，加菲尔德将某年度的影响因子定义再次修改为“期刊前两年所有文章的所有引用次数除以期刊前两年发表的所有文章篇数”，但是这样的定义对于《自然》、《科学》、《柳叶刀》（*Lancet*）、《美国医学会杂志》（*The Journal of the American Medical Association*）等刊物都非常不利，它们的影响因子排名全都排在 40 名之后。

1975 年，在首次发布的 JCR 报告中，加菲尔德再次修改了影响因子定义，形成了现今仍在使用的计算公式：

$$\text{期刊}N\text{年度的影响因子}=\frac{\text{该刊}[(N-2)+(N-1)]\text{年所有源刊文本在}N\text{年度被引用总数}}{\text{该刊}[(N-2)+(N-1)]\text{年发表引用项总数}}$$

分子中的“源刊文本”指期刊发表的所有文章，而分母中的“引用项”只对应三种学术文本。这次的定义修改使得《自然》《科学》《柳叶刀》和《美国医学会杂志》等杂志的影响因子排名全部大幅上升，其中《美国医学会杂志》惊人地提升了100位。

1995年，影响因子定义再次微调，分母中的“引用项”进一步缩小，只包括“原创研究论文”和“综述评论”。

《自然》《科学》杂志当然也“投桃报李”，它们提供版面作为发布平台，积极为影响因子游戏造势：1955年，“影响因子”首次作为专门术语出现在《科学》杂志上；1972年，《科学》杂志刊登了最初的年度期刊影响因子报告；1976年，《自然》杂志刊登了JCR报告的缩减版，考虑到JCR报告1975年才首次出版，这几乎等于在帮它进行市场预热和产品推广。与此同时，尽管学术界对SCI和影响因子的质疑始终不断，但当时在这两份期刊上，却没有出现任何质疑或有待商榷的文章。2017年春，加菲尔德去世，《自然》杂志为他隆重刊登了讣告。

《自然》杂志跻身影响因子顶级玩家

因为《自然》杂志一直是“两栖”刊物——它发表大量的非学术文本，所以在加菲尔德定型的影响因子计算公式中，只要减少分母中“引用项”的文章篇数，就可以有效增大影响因子的数值。本来它在“美妆时代”后期正大幅增加学术文本，但一看影响因子游戏大有搞头，就立刻停止了这个举措，反过来照着加菲尔德修改过的公式所指引的方向，开始有计划地减少“引用项”即学术文本的数量。

在 2014 年发表的研究中，我们统计了 JCR 报告 40 年的数据，这些数据清楚地表明《自然》杂志在持续减少学术文本：从 1974 年的 1502 篇，逐渐减少到 2014 年的 862 篇；与此相应，这 40 年里《自然》杂志的影响因子一直在逐年攀升，1974 年为 2.3，2014 年为 41.5；对应的影响因子排名，最初仅为第五十五名，20 世纪 80 年代后期开始跃升，1990 年至今一直稳居前十名（最高纪录为 1999 年的第五名，2016 年为第九名）。

事实上并非《自然》杂志一家在通过削减学术文本数量来提升影响因子，例如在 1994—2005 年，《美国医学会杂志》《新英格兰医学杂志》（*New England Journal of Medicine*）等一批著名医学期刊，学术文本数量都在逐年大幅下降。

当人们将《自然》杂志奉为“世界顶级科学期刊”时，首先援引的理由就是它的高影响因子。而很多对它顶礼膜拜的人还想当然地以为，顶级期刊之所以在影响因子游戏中胜出，就是因为发表了高质量论文，却不知提升影响因子其实有着更快捷、更省事的方法。

如今影响因子已成学界评判期刊的权威指标，甚至已经凌驾于学术之上，但是加菲尔德的多年老友，著名科学社会学家默顿（R. K. Merton）早在 1973 年就已经犀利表达了对 SCI 和影响因子游戏的担忧：

> 自从科学引证索引（SCI）发明以来，引证研究已获得了如此迅速的发展，以至于有失控的危险……SCI的存在和日益增加的大量引证分析（甚至用于帮助决定科学家的任命和擢升这类事情），有可能导致引证实践的变化，从而过一段时间，它们作为研究质量的衡量标准将受到损害或完全失去效力。

而当我们今天赞叹40多年前默顿的先见之明时，一直在影响因子游戏中大获其利的《自然》杂志却已经在号召“反抗影响因子暴政”了！

《自然》杂志登龙术（4）负心篇

*

前面谈到，20 世纪 70 年代，面对期刊江湖风云突变，《自然》杂志虽已是百年老妪，却尽展盛年魅力，引领风潮，与时俱进，通过投身影响因子游戏让自己脱胎换骨，从此高踞神坛。如果我们顺势使用一些形容人的词语来评价，那么《自然》杂志近年的行为，简直就是水性杨花，负心薄幸。

"大神"加菲尔德的黄昏

2017 年 2 月 25 日，我在上海"文汇讲堂"做了题为《我们不能再跪拜影响因子了！》的学术报告，次日就传来"影响因子之父"加菲尔德去世的消息。江湖传言，老先生是被我气死的——如此担责，则吾岂敢。

我少年时读旧小说，就知道发起任何“排名”游戏，都是极富江湖色彩的行为（旧社会黄色小报发起的“花榜”就是典型例证），而影响因子游戏，当时就是一个无名之辈发起的对全球科学期刊的排名游戏，这是何等的视野和气度？当真是“儿抚一世豪杰”！

40 多年后，影响因子游戏风靡全球，一统江湖，加菲尔德在世人的顶礼膜拜和一片赞誉声中，在他的 SCI 数据、JCR 报告以及其他信息产品所带来的惊人财富中，悠然往生极乐。在他身后留下的，却是被影响因子游戏极度恶化了的全球学术生态。

加菲尔德当年空手套白狼，起家创业，颇异常人。他一生勤奋高产，对他倾力打造的各类商业信息产品进行学术推广，不遗余力地写作。从 20 世纪 50 年代至 2012 年，加菲尔德在各类期刊上发表相关文章 400 余篇，其中不少发表在《自然》《科学》这类名刊上。1986 年，他自己创办《科学家》（*The Scientist*）杂志，至 2002 年，他又在该刊共发表评论文章 141 篇。更为惊人的是，他自 1962 年起开始在 ISI 的出版物上撰写专栏文章。开头几年还是不定期发表，从 1969 年起每周发表一篇，此后再未间断，一直持续至 1993 年，总计发表专栏文章 1122 篇。

40 多年来，对影响因子一统江湖心怀不满或嫉妒眼红的人久已有之，但几乎没有人胆敢从商业上挑战加菲尔德，也许大神真的能“镇住”潜在的商业对手。

然而，大神终究也要衰老的。在他垂暮之年，逐渐有人蠢蠢欲动甚至揭竿而起了。大神方逝，尸骨未寒，国际科学出版巨头爱思唯尔（Elsevier）就在 2017 年 6 月 2 日推出“影响因子的重量级对手”CiteScore（年度期刊引用分数榜），这种时间上的巧合耐人寻味。

烽火连天的期刊江湖

近几年国际期刊江湖风云突变，企图挑战影响因子一统江湖的反叛者层出不穷，各方势力已先后提出十来种宣称可以取代影响因子的指标，其中至少三种指标背后都有国际科学出版巨头力挺，显得声势浩大。

第一种是 Altmetric，最初由几个网络草莽发起，现由麦克米伦出版公司资助，数年之间迅速坐大，居然连《自然》及其旗下子刊都已提供自 2012 年以来的 Altmetric 数据。它们主张，影响因子只考虑 SCI 期刊的引用，忽视了“社会影响”，所以 Altmetric 将引用统计范围大大扩展，包括了新闻、博客、论坛、推特、谷歌、脸书，甚至新浪微博。

第二种就是爱思唯尔 2017 年 6 月 2 日正式发布的 CiteScore，一种明目张胆向影响因子挑战的指标，完全是加菲尔德 JCR 报告的翻版。所不同的是如下几点：1. JCR 报告目前（本文原载于《新发现》杂志，2017 年第八期）只涵盖 8856 种期刊，而 CiteScore 涵盖了 22618 种；2. 影响因子计算的引用时间区间是两年，CiteScore 改为三年；3. CiteScore 将影响因子计算公式中的分母改为期刊所有文章的篇数。虽然 CiteScore 被一些媒体吹嘘成“影响因子的重量级对手”，其实它对计算公式分母所做的改动根本不是什么创新，而只是加菲尔德 40 多年前的唾余——他早期的影响因子计算公式分母就是如此。

第三种是 Nature Index（NI），这是《自然》自己倾情推介的新指标。NI 选定了全球 68 份权威期刊，统计全球大学和科研机构在该 68 份期刊上发表论文的篇数，一篇文章计为 1 分，有合作者则分数人均分享，计入各自所属单位。

《自然》认为该指标简捷易行，客观公正。但明眼人很快会追问：这 68 份期刊名单是怎么产生的？对不起，《自然》只告诉大家，这是它从全球 2800 位科学家的问卷中选出来的，甄选标准则无可奉告，不过在这 68 份期刊中，《自然》和它的子刊就占了 11 份。还有，这全球 2800 位科学家又是怎么来的？《自然》告诉大家，是它发放 10 万份问卷后收到的 2800

份有效答卷。从这个数据中我看到的是：全球 97.2% 的科学家都没有搭理《自然》企图自立标准的游戏请求，那 NI 还有多少代表性呢？

水性杨花背后的深沉算计

当此烽火连天之际，有些在影响因子游戏中获利的期刊出来支持影响因子，自在情理之中。然而《自然》杂志尽管多年来在影响因子游戏中大获其利，得以长踞影响因子前十名的神坛之上，成为“国际顶级科学期刊”，如今却悍然加入了反叛影响因子的阵营。

在舆论上，它多次刊登文章，号召“反抗影响因子暴政”，回顾它当年多次刊登的加菲尔德鼓吹影响因子的文章，简直恍如隔世！在行动上，它不仅向别的反叛者投怀送抱，在自己杂志上提供文章的 Altmetric 指标，而且乘乱推出自己的 NI 指标。

2017 年 4 月 27 日，也就是加菲尔德去世后两个月，《自然》杂志签署了《旧金山科研评估宣言》（San Francisco Declaration on Research Assessment，DORA）。该宣言“建议科研资助机构、研究机构等有关各方在资助、任命和晋升的考量中，停止使用基于期刊的指标，如期刊影响因子，评估要基于研究本身的价值而不是发表该研究的期刊”。《自然》杂志现任主编坎贝尔称：“我希望我们的行动能给这些管理者传递一个明确的信息。他们有必要改变规则，以更加精细和适当的标准来评估科学家……在‘高影响力’的期刊发表论文就给奖金的做法应当停止了。”

签署该宣言的还包括《自然》杂志旗下的大批期刊，计有：所有冠名《自然》的研究期刊、所有冠名《自然》的综述期刊、所有《自然》合作期刊（Nature Partner Journals）、《自然·通讯》（*Nature Communications*）、《科学报告》（*Scientific Reports*）、《科学数据》（*Scientific Date*）。

如此赤裸裸的忘恩负义，以怨报德，在江湖上实属罕见。但《自然》杂志的行动很可能是经过深思熟虑的。

《自然》是一家非常奇特的刊物，它一方面是“国际顶级科学期刊”，通常认为只有牛人才可以在上面发文章；另一方面，它又是依赖科学界芸芸众生的顶礼膜拜，才能够维持广泛关注和知名度的。

而在影响因子的一统江湖中，科学界如何分层？大体上，少数上层人物，发高影响因子刊物很容易；广大中下层芸芸众生，则是“影响因子暴政”的受害者。面对影响因子的一统江湖，大体上必然是上层安享其利，下层闻乱则喜。

所以《自然》杂志现今的策略属于两头下注，是江湖枭雄常用的策略。它鼓吹“反抗影响因子暴政”，可以在感情上迎合芸芸众生；而只要影响因子还一统江湖，它就依旧可以高踞神坛。万一影响因子失势，那它就有可能靠 NI 指标分一杯羹，而且还有“首义”之功。打个比方，《自然》杂志之鼓吹“反抗影响因子暴政”，有点像特朗普身为大房地产商却在竞选中为蓝领代言。

影响因子操弄大法之综述为王（上）

*

前文系统揭示了《自然》《科学》《柳叶刀》等“国际顶级科学期刊”操弄影响因子的重要手法之一——将期刊办成“两栖刊物”并大幅减少“引用项”（即学术文本）的文章篇数。

不过，环顾当今 SCI 期刊影响因子游戏前二十名的顶级玩家，上面这个手法能够成功解释其中的一半，那另一半顶级玩家又靠什么功夫称霸江湖？这些玩家的“武学秘籍”是另一套国内很少有人注意到的学问。

奇峰突起的《SHELX 简史》

《晶体学报 A》（*Acta Crystallographica, Section A*）原是一家不起眼的 SCI 期刊，影响因子只有 2.0 左右，但是该刊 2008 年发表了一篇名为《SHELX 简史》（A short history of SHELX）的综述文章，意外获得超高引用，成为影响因子游戏史上令人印象极为深刻的影响因子波动案例：该刊的影响因子从 2008 年的 2.0 飙升到 2009 年的 49.9，再到 2010 年的 54.3，它在 JCR 报告中的排名，居然从 2000 名开外的寻常位置，火箭般蹿升至全球 SCI 刊物的第二名！

这样奇峰突起的事件，当然会引发学界的普遍关注，2010 年《自然》杂志为此事发了专文进行报道。而据《自然》杂志 2014 年发布的“1900 年来百年百篇 SCI 超级高引论文”榜单，截至当时发表仅 6 年的《SHELX 简史》，已经以累计被引次数 37978 次，在榜单中高居第十三位了。

不过相当荒诞的是，按影响因子的计算规则，无论文章多么热引，对影响因子的有效贡献期限一概为发表后的第二年和第三年，一旦《SHELX 简史》的引用计算有效期结束，《晶体学报 A》的影响因子立刻回归原形，2011 年会重新降回 2.0。

此事除了下文就要谈到的对影响因子游戏的启发意义，

还涉及另一起公案，虽不是本文谈论的主题，但不妨附记于此。

我们检索了 SCI 和 JCR 数据库，发现《SHELX 简史》一文 73.6% 的引用来自《晶体学报 A》的另外四个姊妹刊（*Section B*、*C*、*D*、*E*）。根据生产这两个数据库的 ISI 公司（影响因子的发布者）2007 年开始实施的新规定，期刊“自引”（self citation）过多属于违规，将被逐出 SCI 期刊之列。他们后来又将“引用同盟”（citation stacking）列入“逐出 SCI”的惩罚范围，并对一些刊物实施过这样的惩罚。严格来说，《晶体学报》姊妹刊相互间的引用，其实很难摆脱隐蔽的“引用同盟”之嫌，不过它似乎成功规避了惩罚。这种姊妹刊之间相互引用的情形，与有些学者指控的国内某些期刊之间的“引用同盟”，又何尝不是“异曲同工”呢。

神刊之王《临床医师癌症杂志》揭秘

《SHELX 简史》这个奇特的例子虽然只是昙花一现，但它的启发是显而易见的：一篇高引的综述文章可以让期刊影响因子得到难以想象的大幅度提升！影响因子游戏的那些顶级玩家很自然地会想：要是敝刊年年有一篇《SHELX 简史》这样的文章，我们的刊物不就可以长踞神坛了吗？

事实上，这样的想法早就有期刊践行了，而且极见成效！

创办于1950年的《临床医师癌症杂志》(*CA: A Cancer Journal for Clinicians*)，可谓当之无愧的“神刊”，多年来影响因子位居全球前列，并已连续12年蝉联第一（本文原载于《新发现》杂志，2017年第十期）。以2017年为例，其影响因子高达187——这个值也是影响因子游戏有史以来的最高纪录，是排名第二的《新英格兰医学杂志》(影响因子72)的2倍不止，是排名第十的《自然》杂志（影响因子40）的4倍不止。

许多盲目崇拜影响因子的人只知对这种“神刊”顶礼膜拜，却很少注意《临床医师癌症杂志》如此惊人的影响因子是靠什么获得的。难道真是因为这本期刊上的文章特别优秀（比如说平均比《自然》杂志上的文章优秀4倍），所以得到大量引用吗？当然不是。事实上，《临床医师癌症杂志》作为一种专业期刊，它在期刊界的综合声望肯定不能和作为综合性期刊的《自然》杂志比肩。

要了解《临床医师癌症杂志》长期称霸江湖的奥秘，还是要检索并分析数据。我们研究之后发现，它之所以能够在影响因子游戏中称霸，主要归功于它的两种报告：一种是1979年至今逐年发表的《癌症统计报告》(Cancer Statistics)，另一种是不定期发表的《全球癌症统计报告》(Global Cancer Statistics,

1999 年，2001 年，2005 年，2011 年）。

我们对《临床医师癌症杂志》2001 年以来的 SCI 数据做了统计，结果表明：它的上述两种报告，为影响因子做出的贡献始终超过 70%，基本上在 80% 附近摆动，在最突出的 2010 年，贡献比例高达 86%。这个期刊的影响因子从 2001 年的 35，连年上升，2017 年达到峰值 187，从 2005 年起它的影响因子就雄踞全球 SCI 期刊第一位，至今保持不坠。可以毫不夸张地说，当今全球影响因子游戏的冠军期刊，约八成的引用就是靠两篇综述文章支撑起来的。

综述文章是影响因子江湖中的太祖长拳

对此事细节有兴趣的读者也许会产生疑问：《SHELX 简史》也好，《癌症统计报告》和《全球癌症统计报告》也好，标题中都没有“综述”字样，凭什么认定它们是综述呢？

根据 ISI 每年发布的 JCR 报告，对“综述”的定义是，满足下列四项条件之一，即为“综述”文章：1. 文章参考文献超过 100 项；2. 发表在综述期刊（只发表综述文章的期刊）或期刊“综述”专栏上；3. 标题中有“综述”（review）或“评论”（overview）字样；4. 文章的“摘要”表明该文是一篇综述或评论。

可见标题中有“综述”字样只是四项条件之一。尽管《癌症统计报告》和《全球癌症统计报告》在《临床医师癌症杂志》上被归入“论文”栏目，但首先，《癌症统计报告》在它的绪论中明确指出该文是一篇“评论”；其次，这两种报告从内容来看完全是“模板化”的：文章除各年统计数据不相同，从标题、摘要、关键词、绪论到行文内容几乎一模一样，甚至文章作者也连续相同，很难想象原创论文可以用这样的方式进行写作。所以若按照文章实际内容来划分，也完全有理由将这两种报告列为“综述”。《SHELX 简史》的情形也是类似的，“简史”在这里几乎可以视为“综述”的同义词。

借用武侠小说中描述的武功来比喻，影响因子游戏前二十名的顶级玩家中，靠办“两栖”刊物操弄影响因子计算公式分母项者，好比修炼传说中的“九阳神功”，没有极好的基础和罕见的机遇，基本上是不可能成功的。因为要让一本期刊像《自然》和《科学》那样既被学界公认为“顶级科学期刊”，又被大众媒体和时尚潮流深度接纳，难如登天。相比而言，综述的“王道”却好比江湖上广泛流行的“太祖长拳”，入门容易，见效很快，一般人若勤于练习，也能有成，甚至能登临绝顶，比如《临床医师癌症杂志》就是如此。因为修行此道时，仍可办“纯粹”的学术期刊——基本上只刊登学术文本。

综述为何能成“王道”，或者说综述文章为何能够得到高于一般学术论文的引用？且听下回分解。

影响因子操弄大法之综述为王（下）

*

综述文章在国内学术界和期刊界眼中，都是被看得比较低的。例如，国内有的高校在关于研究生发表论文的规定中，有特别要求“非综述性学术论文”的条款。却不知道在影响因子游戏大行其道的西方期刊江湖上，综述文章可是极受宠爱的品种。

逐渐发现综述文章的妙用

1975 年，SCI 和影响因子游戏的开创者加菲尔德，在整理相关数据的过程中已经注意到“综述期刊”（即只刊登综述文章或以综述文章为主的期刊）在影响因子排名中的突出表现。

他发现1975年影响因子排名前二十的期刊中，综述期刊占了16份之多。这说明在影响因子游戏刚起步的阶段，综述期刊已经显示出非常强劲的优势。

很可能是事先获得了内部消息，在与加菲尔德发表上述结论非常接近的时间——1974年11月1日，《自然》杂志新开设了“综述”栏目，刊登的第一篇综述文章主题是“广义相对论的进展”。如今“综述”已成《自然》杂志的常设栏目，《自然》每年发表综述文章60篇左右。

综述期刊在影响因子排名中的优异表现，甚至启发加菲尔德在1975年推出了一款新产品：科学综述索引库（ISR）。这是一个专门针对综述文献的引用索引库。为了激励科学家写作综述文章，加菲尔德又和年度回顾公司（Annual Reviews Inc.）合作，在1979年成立了卢克奖励基金（James Murray Luck Award），奖金5000美元，由美国科学院颁发，用于奖励优秀科学综述文章的作者。

当时影响因子游戏尚在起步阶段，加菲尔德的上述做法明显是为了吸引玩家参与。但随着影响因子游戏风靡全球，事情走向越来越荒谬的极端：综述文章因其引用优势，开始在欧美学界受到前所未有的重视，逐渐成为一些期刊提升影响因子的枕中鸿宝。

比如，《组织化学和细胞化学杂志》2007年在社论中非常直白地征求更多的综述文章稿件，说这是有效提升期刊影响因子的重要措施，因为“综述文章更容易获得引用”。学者马修（E. Matthew）等人 2008 年在一篇颇具影响的文章中，总结期刊“操弄影响因子的十种手段”，其中第四种就是“增加发表综述文章的数量”。《自然 · 免疫学》（*Nature Immunology*）2011 年在《综述的诱惑》一文中也表达了类似观点：期刊乐意发表综述文章并不奇怪，一些顶级期刊，比如《细胞》（*Cell*），每期至少刊登一篇综述文章。杂志一般向相关领域的权威科学家直接约稿，设定的选题也是读者特别感兴趣的。综述文章通常会获得高引——平均引用次数约是原创论文的 2 倍，因此能够帮助杂志提升影响因子。另一项研究表明：综述文章的影响因子是论文的 2~3 倍，是技术报告的 4~5 倍。

类似看法一旦成为西方学界共识，带来的直接后果就是 SCI 期刊的综述文章数量逐年大幅增加。凯查姆（C. M. Ketcham）等人 2007 年整理的两组数据很好地证明了这一点。

1999 年，SCI 收录期刊 5500 份，其中综述期刊 163 份，这 163 份综述期刊共发表综述文章 19189 篇，占所有 SCI 综述文章的 73%，只有 27% 的综述文章发表在非综述期刊上。

2006 年，SCI 收录期刊 6250 份，其中综述期刊 198 份，这 198 份综述期刊共发表综述文章 25691 篇，占所有 SCI 综述文章的 56%，另有 44% 的综述文章发表在非综述期刊上。

在此7年间，综述文章总量大幅增加，从26286篇增加到了45876篇；1999年平均每份非综述期刊发表综述文章1.33篇，到了2006年这个数值增加到3.34篇。这表明，非综述期刊上的综述文章数量也大幅增加了，目的当然是增加自己期刊的被引用次数。

综述为什么能成为高引的“王道”？

综述作为一种学术文本形式，最早出现在19世纪后期德国的科学杂志上。大致分为年报型和结果型两类:“年报型”是对某一研究领域一年来取得的整体成果进行评论总结;“结果型”是集中对某一科学问题及它的若干解决方案进行评论。

伍德沃德（A. M. Woodward）1977年在《综述文章在信息交流中的作用》一文中，系统论述了综述的六项历史功能和七项当下功能。六项历史功能是：1. 对已发表论文进行同行评估；2. 整合不同期刊上对相关问题探讨的信息；3. 凝练已有的相关知识；4. 替代原始论文作为写作记录；5. 预见新兴领域的出现; 6. 为进入新领域寻找研究路径。七项当下功能是：1. 了解前人已发表的工作；2. 了解相关交叉领域的工作；3. 提供文献线索；4. 为解决科学问题提供新方法；5. 确定新领域的走向；

6. 用于教学目的；7. 成果反馈。伍德沃德的研究还表明，综述文章具有“引用优势”——这一结论加菲尔德在此前不久已经从另一个路径得出了。

至于综述文章究竟为什么会高引，一个简单的解释是这样的：这和今天国际上通行的“学术论文”的写作八股有关。这种八股要求在每一篇“学术论文”的开头有一个几乎是固定的部分，即“对前人工作的概述”，而要写这一部分，少不得就要去查查那些综述文章，然后适当引用一下。况且如今科学领域竞争极为激烈，科学家人人都需要随时窥视同行在干些什么，这被视为“了解前沿动态”的必要之举，综述文章正好满足了这种需求，自然大行其道了。

然而“王道”也有边界

我在前文重点讨论过《自然》《科学》和《柳叶刀》这类“两栖”期刊提升影响因子的关键手法，是通过逐年减少“引用项”（即学术文本）的文章数量，以减小影响因子计算公式中的分母数值。现在我们又知道综述文章是有效提升引用的“王道”，可以增大影响因子计算公式中的分子数值。那么让我们来设想，如果能够将“引用项”压缩到最小值——当然只能是 1，即每期只刊登一篇学术文本，而该学术文本就是一篇综述文章，如此“双管齐下，臻其极致”，能不能在影响因子游戏中登临绝顶？

世界上真有这样的杂志！这就是法国半年刊《地球化学展望》（*Geochemical Perspectives*），它每期只登一篇文章，就是一篇综述。该刊创刊当年即被 SCI 收录，2013 年、2014 年、2015 年影响因子分别为 8.1、8.2 和 8.8，在法国期刊中影响因子连续三年排名第一，说明这样做还是奏效的。不过这种“双管齐下，臻其极致”的做法，却未能让《地球化学展望》在影响因子游戏中登临绝顶，甚至连接近绝顶都谈不上，这也许就是综述“王道”的边界了。每期杂志只发表一篇文章，而且又是综述这种学术文本，毕竟会大大限制读者的范围。前文谈到的《临床医师癌症杂志》这种影响因子一骑绝尘的异数，不是轻易能够复制的。

这家法国期刊的极端做法尽管耸人听闻，却也绝非孤例。例如，创刊于 1964 年的英国季刊《固态化学进展》（*Progress In Solid State Chemistry*），从 20 世纪 80 年代开始将每年发表的文章数量削减为 4 篇左右，相当于每期只发 1 篇文章。这家杂志还于 1998 年开始逐渐由论文期刊转型为综述期刊。

说实话，影响因子游戏玩到这种地步，期刊其实已经异化了。

办期刊最初的宗旨是什么？不是为了将学术成果进行传播，让同行和其他人也了解，以求交流吗？但是自从影响因子游戏风靡全球，期刊的优劣高下只看影响因子，最后人们发现办期刊的目的已经不知不觉地改变了，现在办期刊只是为了影响因子，为了那个每年在私人商业公司（ISI）发布的 JCR 报告中沉浮不定的排位数字！

开放存取的第一重骗局：垃圾论文

——开放存取运动批判之一

*

如今开放存取期刊（Open Access Journal）堪称风起云涌，对这一“运动”的评价毁誉参半。有些人对于西方出现的“新事物”习惯于顶礼膜拜，在不明真相的情况下就盲目鼓吹开放存取，甚至急于要在此事上“与国际接轨”。也不排除有极少数人在不可告人的动机驱使下，明知真相却假装糊涂，那就其心可诛了。

所谓的“开放存取运动”，事实上是一场多重骗局，但是鼓吹这一运动的西方出版商和某些机构，在宣传上却将这一骗局包装成某种“学术慈善活动”，成功地欺骗了许多人。为此我准备分数篇文章系统揭示“开放存取运动”的骗局性质。

“开放存取运动”的乌托邦叙事

所谓“开放存取”，指将内容放到互联网供公众免费取用，包括免费阅读、下载、复制、散布、打印、检索、嵌入软件作为资料，只要保证内容完整及作者的署名权，就不存在任何法律及技术方面的障碍。

学者个人或群体自发创立开放存取期刊，通过搭建简单的网络技术平台交流成果，这样的行为在20世纪90年代甚至更早就已出现。但“开放存取”作为一个专门术语，最早出现在2002年2月的开放学会研究所（Open Society Institute）发布的《布达佩斯开放存取倡议》（Budapest Open Access Initiative）中，后经2003年6月《贝塞斯达开放存取出版宣言》（Bethesda Statement on Open Access Publishing）和同年10月的《柏林科学人文知识开放存取宣言》（Berlin Declaration on Open Access to Knowledge in the Sciences and Humanities），进一步完善确定。

开放存取的宣扬者将这一发表形式鼓吹为一场“发表革命”，他们声称，这种新的发表模式将彻底打破传统在订阅期刊上发表文章的“费用门槛”和“使用门槛”，学术共享的乌托邦就在眼前，主要体现在以下方面：

大学、研究机构、图书馆及个人皆可在线免费阅读论文，省下大笔订阅费用；

发表不受篇幅和长度限制，作者享有更大的表达自由；

开放存取审稿效率高，可以大大压缩发表周期；

开放存取期刊比传统订阅期刊发表论文更加容易；

成果在线自由共享，读者容易获取，可大大提升其可见度和使用范围。

这些宣传确实非常动听，但是很多人听其言却不观其行，听其一却不问其二，轻易相信了开放存取真是一场西方大出版商的“学术慈善活动”，以为世界上真有免费的午餐。

开放存取期刊怎样“发表”论文？

对于一场多重骗局，我们只能一重重依次揭露，这次我们先揭露第一重。之所以将它作为第一重，是因为那些出于各种动机向国内学界和公众鼓吹“开放存取运动”的人，不约而同地极力回避这一点，所以我们就先来搞清楚这一点，即在开放存取期刊上，发表论文通常是一种什么状态。

我们先来看开放存取期刊中最有代表性的刊物《Plos One》，2014 年该刊发表论文超过 3 万篇，2016 年发文 23819 篇。一年发 3 万篇论文是什么概念？中国通常的学术刊物，每期发文数量在 10~20 篇，就算是月刊（许多刊物是季刊或双月刊），一年至多不过 240 篇（12 个月 ×20 篇）论文，而《Plos One》一年的发文数量是这一数字的 100 多倍！不过读者不必急于想象这样的杂志将会有怎样惊人的厚度，开放存取期刊都是没有纸刊的，而电子版的篇幅可以认为是无限的。当然，许多开放存取期刊的年发文数量没有《Plos One》那么“成功”，但是每年发几千篇是家常便饭。作为对比，被许多人顶礼膜拜的《自然》杂志每年发表的学术论文在 200 篇左右——它可是周刊！

对于开放存取期刊来说，“年发文数”是一个非常重要的指标，它几乎可以直接用来衡量该期刊的成功程度。《Plos One》当前最强劲的竞争对手，是《自然》旗下的开放存取子刊《科学报告》，它明确打出的竞争口号是“更高的影响因子，更短的审稿周期，更宽松的数据使用政策”！收费问题，以及收费和影响因子的关系，我们后文再说，此处只需指出，2017 年该刊以发文数 25749 篇，超过《Plos One》而成为新的“开放存取第一巨刊”。

《Plos One》桂冠跌落后，主编希伯（J. Heber）解释原因：首先是因为“杂志把投稿录用率降低到了 50%”。这听起来当然不是一个体面的解释，在正常的学术期刊运营中，高达 50% 的投稿录用率已经是难以想象的“滥”了，可是在《Plos One》的辩解中，它居然成了稿件录用率的新低！事实上，许多开放存取期刊的稿件录用率可以高达 80% 左右。

那些极力为开放存取期刊辩护的人也许会说：凭什么认为开放存取期刊上发的就是垃圾论文？一年发 3 万篇高端论文不可能吗？那我们来看看和《自然》齐名的《科学》，它也办了开放存取子刊《科学进展》（*Science Advances*），创刊时是这样规定的："投给《科学》及其姊妹刊的稿件，被拒后自动转投《科学进展》，不再进行同行评议。"要知道，《科学》的稿件录用率通常只有 6%！而"自动转投"和"不再进行同行评议"，是不是就意味着录用率要向 100% 迈进呢？

谁会阅读、谁要发表开放存取论文？

将希伯的上述解释，和《Plos One》《科学报告》等刊惊人的年发文数量联系起来，事情的真相已经呼之欲出：开放存取期刊就是以无限的篇幅，极度宽松的审稿，发表海量的垃圾论文。如此巨大的发文数量，实际上已经颠覆了传统的"发表"概念，这真用得着"从量变到质变"的套话了。

接下来的问题是：谁需要阅读这种一份杂志上一年就有 3 万篇的论文？我们知道，任何科学期刊要面对的读者都可以分成两类：一类是搞科学研究的科学家，一类是不搞科学研究的一般公众。科学家会去阅读这种没有同行评议的、成千上万篇的论文吗？真正的科学家都对此心知肚明，而一般公众当然更不会去阅读这种论文了。所以开放存取的乌托邦叙事中许诺的免费阅读，其实是一种欺骗——因为绝大部分开放存取论文根本不会有读者。

以前大家只注意到在高端期刊上发文很牛，高山仰止，却没有注意到其实还有千千万万普通科技工作者也都憋着要发表论文！而且他们甚至有意愿，也有能力为了发表论文而倒贴钱！对于知名作者，是期刊争抢他们的文章，为此不惜支付高额稿酬；而对于普通作者，他们到处苦苦寻觅能够发表论文的期刊，却经常不得其门而入。而发起“开放存取运动”的玩家聪明地利用了这一点，现在雨后春笋般冒出来的开放存取期刊，纷纷向没地方发表论文的科技工作者招手：“来呀，交了钱就给你们发！”

处在发达社会中的普通科技工作者，这个群体非常庞大，而且他们或多或少都会有一些科研经费，支付得起开放存取期刊的“论文处理费”，哪怕让他们从自己腰包里掏一两千美元出来，事实上通常也是力所能及的。所以玩家们欣喜地发现：把垃圾论文挂到网上，这样的所谓“出版”竟然也可以赚很多钱！——这就是开放存取运动的第二重骗局了，诸君且听下回分解。

开放存取的第二重骗局：免费和付费

——开放存取运动批判之二

*

前一篇讨论了开放存取期刊崛起于期刊江湖的主要表现——海量发表低端论文。尽管绝对意义上的反例或许偶亦有之，比如《科学》及其子刊曾接受盖茨基金会每年支付 10 万美元换取 10~15 篇文章的版面，用于发表该基金会支持的开放存取论文，但这笔被《自然》等神刊暗中嘲笑的交易只执行了一年，就在 2018 年寿终正寝了。

开放存取真的免费吗？

“开放存取运动”特别标举“免费”之说，阅读免费，下载免费等，给人一种“学术慈善活动”的感觉，但实际上这完全是幻觉。

开放存取期刊都是没有纸刊的，而电子刊物确实可以将成本控制到非常低的水平。在互联网时代，个人运营一份电子刊物轻而易举。从理论上说，只要有一台连接互联网的服务器，将文章定期或不定期地上传该服务器即可。在浩如烟海的互联网上，早已存在着无数这样的“刊物”——它们和定期更新的个人博客或微博其实没多大差别。不过这样的刊物很少会有读者，通常也无法盈利，因为这样的刊物极少会有人知道和光顾。

据 2017 年的数据，当时在全球一万多份开放存取期刊中，有大约一半期刊可能处于和上述情况类似的状态中。它们以极低的成本运营着，读者阅读免费，作者发表文章也免费。但是这些期刊通常都是名不见经传的，事实上它们都处在边缘化状态。

真正的江湖存在于另一半开放存取期刊中。作者在这些开放存取期刊上发表文章，是要付费的，这笔费用通常被称为“论文处理费用”。

发起开放存取游戏的玩家非常得意的一点，就是开放存取改变了传统期刊的盈利模式。传统期刊是先要将期刊编好、印好、装订好，这些都需要事先支付成本，然后期刊被售出或订阅，这被称为“后端付费”。如果“后端付费”超过了成本，期刊才能盈利。而开放存取期刊改成了“前端付费”，即期刊还未上线，“论文处理费用”已经支付给期刊了。而且运营成本远低于传统期刊，所以“前端付费”使期刊规避了几乎全部财务风险。

改成“前端付费”的开放存取期刊，虽然阅读是免费的，但从全社会的角度来看，依然不是免费的，只是费用的直接支付者有所改变而已。

怎样“站着把钱挣了”？

西方出版巨头对开放存取期刊的态度之所以很快从怀疑拒斥转为热情拥抱，就是因为开放存取期刊可以成为它们新的利润增长点。运营发表低端论文的开放存取期刊，已被证明可以是一种生财之道，尽管这也不是一件很容易的事情。

有些传统订刊采取激进做法，一步到位彻底转型为开放存取期刊，不再接受传统投稿。其中最具代表性的是老牌医学杂志《医学》（*Medicine*），它于 1922 年创刊，进入 21 世纪后经营陷入困境，2014 年正式宣布转型为完全开放存取期刊，而且一上来就仿照《Plos One》直接开启“巨刊”模式：发稿量由原来的每年 30 篇左右剧增为每年 1500 篇以上；它同时转型为大综合类医学期刊，涉及医学分支达 40 余个；论文发表标准当然也变得更加宽松，不再强调研究的创新性和潜在影响力，甚至可以发表结果为阴性的医学研究和案例报告。

另一种做法是搞“混合期刊”（hybrid journal）。1915 年创刊的《美国国家科学院院刊》（*PNAS*）是一份著名老牌综合类科学期刊，于 2004 年宣布正式转型为混合期刊——保持传统投稿方式的同时，提供发表开放存取论文选择，2017 年的论文发表费用为每篇 1450 美元。从期刊经营角度来看，混合期刊是一种较为安全的模式，为期刊留下了见风使舵的回转余地。近年各大出版商大量启动混合期刊，其中特别突出的有爱思唯尔，2009 年它旗下混合类期刊仅有 68 种，到 2012 年已暴增至 1160 种。

对于瓜分了全球科学出版大部分市场的几大出版巨头，它们在这方面有得天独厚的优势。因为它们旗下或多或少都有高踞神坛的名刊，这些名刊都是极为有用的优质资产，不仅本身已经办到名利双收的境界，可以“站着把钱赚了”，还可以发挥更大的作用，帮助集团赚更多的钱。

可如果这些高踞神坛的名刊亲自来赚开放存取的钱，就有点不够体面了——要知道开放存取期刊是靠发表低端论文赚钱的！如果《自然》《科学》《柳叶刀》等名刊都变成了开放存取期刊，那它们一两百年积累起来的名声马上就会轰然倒塌！

所以必须想出一个两全之策，既不错过“开放存取运动”这班赚快钱的车，又能够爱惜百年名刊的洁白羽毛，不坏名声。这样的两全之策，还真找到了！这就是办开放存取子刊。

举例来说，自2010年起，在科学界知名度很高的“四大名刊”《自然》《科学》《细胞》《柳叶刀》，已先后创办了多种开放存取子刊。

例如：《自然》创办了《自然·通讯》《科学报告》和《科学数据》，这三个开放存取子刊2016年每篇文章的收费依次是5200美元、1760美元、1675美元。《细胞》创办了《细胞报告》（*Cell Reports*），每篇文章收费5000美元。《柳叶刀》也创办了《柳叶刀——全球健康》（*The Lancet Global Health*），每篇文章收费也是5000美元。

必须注意，这些大牌刊物的主刊至今都保持着传统的纸刊，而且都拒绝开放存取。

江湖还是老规矩——影响因子为王

开放存取期刊有的收取高额费用，有的却不收费，为什么会有这种差别？谁不想舒舒服服地收费？但是，谁能收费，谁不能收费，有一条清清楚楚的门槛——影响因子。

从笔者团队统计的数据看，凡是能够进入SCI索引——这就意味着有了影响因子游戏的入场券，每年可以参与JCR报告中的影响因子排名——的开放存取期刊，都可以收费。收费多少直接和影响因子值有关，基本上是“一分钱一分货”，影响因子高的收费就可以高，影响因子低的收费也低。“主流”的收费区间在每篇1500~5000美元。

例如，开放存取期刊中最有代表性的《Plos One》，2016年它发文23819篇，这年它的影响因子是2.8，它明码标价每篇收费1495美元，23819篇×1495美元/篇=35609405美元，即该杂志一年收取“文章处理费”超过3560万美元。它的收费已经在“主流”区间的下限，因为走大量发文广种薄收的路子，比下限的1500美元还要优惠5美元。

再看一个开放存取期刊中的高价明星——《自然·通讯》。这是《自然》杂志旗下的开放存取子刊之一，2016年的影响因子是12.1，这在开放存取期刊中算很高的了，又有《自然》杂志的光环映照，收费就可以突破“主流”区间上限，高达每篇 5200 美元。2016 年，它发文 3549 篇，3549 篇 ×5200 美元 / 篇 =18454800 美元，即该杂志一年收取“文章处理费”超过 1845 万美元。

有少数未能进入 SCI 索引的开放存取期刊，它们的官网上也有明码标价的收费标准，有的还不低，但点进去看，它只发过寥寥几篇文章，有的甚至一篇也没有——这实际上就是“有价无市”的状态。

开放存取的第三重骗局：亏损还是盈利

——开放存取运动批判之三

*

前两篇文章介绍了西方风起云涌的开放存取期刊，以海量发表低端论文，并且依旧让社会支付巨额成本——这种成本和传统订阅期刊相比有过之而无不及。但不了解内情的人在面对“开放存取期刊到底赚不赚钱”这个问题时，却很难从公开信息中轻易获得答案。

扑朔迷离的开放存取期刊利润

事实上，开放存取期刊发表一篇论文究竟需要多少成本，一直扑朔迷离。据《自然》杂志有关文章的说法，只有少数出版机构愿意稍微披露一点信息。比如欣大维出版公司（Hindawi）的彼得斯（Paul Peters）告知，公司2012年旗下期刊共发表2.2万篇开放存取论文，每篇发表成本约290美元；伦敦Ubiquity开放存取出版公司的霍尔（Brian Hole）表示“每篇论文成本约300美元”;《PeerJ》杂志的主编宾菲尔德（Binfield）表示“期刊每篇论文花费是小几百美元”。

不过，几百美元远非开放存取论文发表成本的下限，因为还有大量期刊收费更低，甚至不收取任何费用。以爱思唯尔为例，2017年它旗下有开放存取期刊约500种，其中超过60%的期刊不收取费用。前些年，另一种文献也反映了类似情况：2011年6713种完全开放存取期刊共发表了约34万篇论文，收费和不收费的比例为49%和51%，几乎各占一半。

如果一篇开放存取论文的发表成本，真的像某些著名出版商所宣称的那样高达上万元人民币，就很难解释这样一个事实——开放存取期刊和开放存取论文多年来一直在持续增长。据拉克索（M. Laakso）小组的研究，自2000年以来开放存取杂志数量以平均每年18%的速度增长；开放存取论文数量以平均每年30%的速度增长。笔者把统计范围缩小到SCI论文，得出的数据也基本一样。

开放存取期刊近年来呈现出一派蓬勃兴旺的景象，老牌出版集团和新兴出版公司无不极力抢占市场份额，这种景象的背后，除了发表低端论文的旺盛市场需求，也和开放存取论文发表成本低廉直接有关——否则那一半不收费的开放存取期刊不可能长期存活。

开放存取巨头难以置信的财务报表

PLOS 公司旗下的期刊《Plos One》曾是开放存取的第一巨刊，该公司在官网上逐年提供年度财务简表，按照表中所宣称的，开放存取论文的发表成本高得骇人听闻。

PLOS 旗下共有 7 家开放存取期刊（《Plos One》为其中之一），公司 2016 年度财务简表显示，7 家期刊共发表论文 2.6 万余篇（其中《Plos One》发表 23819 篇），“总花费”为 3803.9 万美元，将“总花费”平摊到 7 家开放存取期刊发表的 2.6 万篇论文，能得到平均每篇论文的发表成本约为 1463 美元，换算成人民币约一万元。

很显然，这已经大大超出人们对在线论文发表成本的想象和常识。若想进一步深究，财务简表中还有开列的各项支出清单。2016 年度的出版“总花费”3803.9 万美元中，各项支出如下：

出版费 69%（2624.7 万美元），包括 34% 的编辑费

（1293.3 万美元），21% 的生产费（798.8 万美元），14% 的技术费用（532.5 万美元）；

常规及管理费 20%（760.9 万美元），包括员工工资、人力外包费、法律和财会费、办公租赁费、银行手续费等；

研发费 6%（228.2 万美元），包括内容管理系统及办公软硬件的更新换代等；

出版资助费 5%（190.1 万美元），对一些作者提供免费出版资助。

这样的账目表面看上去似乎很清楚，但若仔细参详，就会发现它其实并未如实反映生产开放存取论文的具体环节和实际操作过程的成本。比如清单提供的“生产费”高达近 800 万美元，根据常识，论文作者提交的都是电子文本，经过杂志社编辑后（编辑费用已另外计算），上传到网络服务器，这么简单的“生产”过程，何以需要如此巨额的花费（每篇 300 多美元）？

《自然》杂志近年有一篇讨论开放存取论文成本的文章《开放存取：科学出版的真实花费》，其中特别提到“PLOS 和 BMC 在这个问题上避而不谈（尽管两家公司整体都在盈利）”。如果《自然》杂志相信公司官网的财务数据，怎会做出“避而不谈”的判断呢？

PLOS 成立之初，《自然》和《科学》还曾不约而同地表示，PLOS 公司收取的文章处理费用难以维持旗下刊物的正常运行。但后来的事实证明，上述判断远远背离了实际情形。一旦反应过来，《自然》和《科学》两家杂志社自己办起开放存取子刊来也就不甘人后了（参见前文）。

“259 美元发到死”和先免费后收费

《PeerJ》也是一家有些名气的开放存取期刊，它采用赤裸裸的商业促销策略，把美国电话公司常搞的固定收费打折促销手段原封不动地搬用到期刊经营上。

2012 年，《PeerJ》启动之初提供了三种会员收费标准：初级会员缴纳 99 美元，一年可发 1 篇论文；升级会员 169 美元，每年可发 2 篇论文；研究会员 259 美元，可无限发文。如果一篇文章有多位作者，需所有作者购买会员资格才可享受套餐优惠。如此赤裸直白的商业办刊手法，《科学》杂志有点看不下去，它用一个满含讥讽的标题报道此事，“259 美元让科学家发文发到死”！

后来《PeerJ》发表规则稍有变化，单篇论文处理费用为 1095 美元，姊妹刊《PeerJ Computer Science》单篇收取 895 美元。会员制保持不变，取消了“无限发文”规则，初级版、升级版和加强版价格上涨，分别为 399 美元、449 美元和 499

美元，对应一年期限内可以发表论文篇数为1篇、2篇和5篇。需一文所有作者都购买会员资格才可享受套餐优惠的规则不变。

另一家开放存取期刊《eLife》的名头更大些，使用的手法则更具欺骗性。

《eLife》由世界著名私人研究基金会美国马里兰州霍华德·修斯研究所（The Howard Hughes Medical Institute）和伦敦惠康基金会（The Wellcome Trust in London）、柏林马克斯·普朗克研究所（The Max Planck Institute in Berlin）共同投建，头十年的投资计划达4300万欧元。有雄厚的资金支持，《eLife》一开始的做法是发表论文一律不收取费用。

《eLife》首任主编由诺贝尔生理学或医学奖获得者兰迪·谢克曼（Randy Schekman）担任。谢克曼上任不久就在英国《卫报》上发表文章，高调宣称他的研究团队此后将不再向《自然》《科学》和《细胞》三大期刊投稿。他把此三大刊称为“奢侈杂志”，理由是它们稿件刊用率太低，还牵扯科学以外太多的东西——出版商的利益、研究者荣誉及基金申请等等，“扭曲了科学进程，鼓励研究人员进行一些华而不实的研究，而忽视真正重要的研究工作”。接着，他就兜售他的开放存取期刊《eLife》，声称三大刊的缺陷“能在开放杂志上得到弥补”。

这番听起来义正词严的言论，当时备受国内外媒体和学界的关注和好评，然而今天回头再看，却发现纯粹是商业套路：《eLife》在进入“SCI 俱乐部”之后，马上就宣布收取论文处理费用，每篇论文 2500 美元！

开放存取的第四重骗局：掠夺性期刊

——开放存取运动批判之四

*

开放存取期刊海量发表低端论文，并以“论文处理费用”的名义收取大量费用，导致论文发表/阅读过程中的整体社会成本只升不降，上升部分构成出版商新的利润增长点。然而，“开放存取运动”的灾难性后果远不止于此。

“掠夺性期刊”的崛起和特征

开放存取期刊的盈利模式是作者付费，既然发文越多就意味着利润越多，大量有发稿需求的作者又愿意为发文而付费，则资本的逐利本性必然会催生出专门以赚取“论文处理费用”为目的，不再对文章质量严格把关，甚至不经审稿就发文的开放存取期刊——事实上这类期刊已经大量出现。卡罗拉大学图书馆员比尔（Jeffrey Beall）将这类期刊称为“掠夺性期刊”（predatory journal）。下面是“掠夺性期刊”在实际运作中常见的若干手法：

“论文处理费用”不明码标价，先接受稿件后寄送账单；

擅自将知名学者列入期刊编委会，甚至伪造期刊编委会名单；

在刊名上经常模仿知名期刊，习惯冠以“国际”（International）、“全球”（Global）、“世界”（World）等字样；

网站主页标示的办公地址是欧美国家，而汇款的账户银行地址却往往是发展中国家；

伪造国际标准连续出版物号（ISSN）；

伪装成SCI期刊，伪造影响因子数据。

2010—2016年，比尔曾逐年推出“掠夺性期刊黑名单”（Beall's Lists），在学界引起极大关注和讨论。但是这样的工作，无论是在理论建构上，还是实际操作上，都极为艰巨。比尔的名单后来不再能无偿使用。

与此同时，“掠夺性期刊”的数量急剧增长：2010年约为1800种，对应发文数5.3万篇；至2014年已激增至8000种，对应发文数42万篇！此后速度继续加快。可以毫不夸张地说，

"掠夺性期刊"已经成为"开放存取运动"当前最大的灾难性后果。

8种典型掠夺性开放存取期刊的数据

既然开放存取期刊是一门可以赚钱的生意，而近年中国作者在国外期刊上发表论文的数量又大幅增长，那么国外开放存取期刊如何赚中国作者的钱？这个问题的确不仅有学术意义，更有现实意义。

笔者曾选择8种极具代表性的国外开放存取期刊作为统计分析对象。这8种期刊之所以入选，各有重要原因。

首先是2017年中国作者在其上的发文数量都超过1000篇。若干种是因为它们巨大的发文数量，比如在开放存取期刊中长居老大的《Plos One》和后来居上的《科学报告》。而《肿瘤生物学》(*Tumor Biology*)则因它在107篇中国作者论文被撤事件中的恶劣表现，以及近年臭名昭著而特别入选——2016年它被施普林格集团从旗下期刊中清理出去，2017年7月它又被科睿唯安从SCI期刊名单中清理出去。

统计数据见下表（按2017年期刊发文数量排序）。

首先从表中数据可以看到，大部分期刊在这五年中发文数

8 种著名开放存取期刊发文、收费、影响因子及中国作者贡献费用一览表

刊物	2012 年发文数	2012 年中国作者发文数	2017 年发文数	2017 年中国作者发文数	2017 年中国发文占比（%）	每篇收费（美元）	2017 年中国作者贡献费用（美元）	2016 年影响因子
《科学报告》	804	154	25749	7596	29.5	1675	12723300	4.2
《Plos One》	23456	3633	22373	3213	14.4	1495	4803435	2.8
《肿瘤靶标》（*Oncotarget*）	186	6	11364	9122	80.3	3400	31014800	5.1
《Oncology Letters》	529	262	1880	1290	68.6	1190	1535100	1.4
《RSC Advances》	1740	622	6676	4254	63.7	750	3190500	3.1
《医学》	35	0	3344	1778	53.2	1550	2755900	1.8
《国际临床与实验医学》	47	12	2077	1979	95.3	1680	3324720	1.1
上列 7 种期刊 2017 年中国作者总篇数和贡献费用总值				29232	—	—	59347755	—
《肿瘤生物学》（2016）	454	109	1674	1097	65.5	1500	1645500	3.6

数据说明：尽管 SCI 并未将《国际临床与实验医学》（*International Journal of Clinical and Experimental Medicine*）杂志发表的文章归入开放存取，但该刊官网明确宣称该刊为开放存取期刊，此处从之。表中左起第七栏“每篇收费”来自各期刊官网 2017 年报价。因《肿瘤生物学》已在 2017 年被清理出 SCI，表中以 2016 年数据代之。

数据来源：科睿唯安发布的 web of science 核心合集 SCI 和 JCR 数据库，采集日期为 2018 年 1 月 22 日。

量都大幅增长，这和笔者上文描述的总体趋势完全一致。《Plos One》的例外是因为竞争对手大批进入，严重分流了稿源；后来居上的《科学报告》则呈现猛增趋势，从 2012 年的 804 篇增长到 2017 年的 25749 篇，增长了 32 倍。《国际临床与实验医学》杂志增长了 44 倍多，《肿瘤靶标》更是增长了 61 倍。

其次，在前文的讨论中我们已经知道，进入 SCI 几乎是开放存取期刊能够从前端收费中盈利的必要条件，上表中的数据清楚显示：收费额确实与影响因子成正比，“主流收费区间”在 1500~5000 美元，表中影响因子 2.8 的《Plos One》因走“广种薄收”的大量发文路线，收取下限还要再优惠 5 美元。

开放存取期刊疯狂掠取中国科研经费

至于这些开放存取期刊如何掠取中国科研经费，从表中可以看到触目惊心的数据。将左起第五列的数值（2017 年中国作者发文数）乘以左起第七列的数值（每篇收费），就得到左起第八列的数值（2017 年中国作者贡献费用）。

在表中前七种开放存取期刊上，仅 2017 年一年，中国作者就贡献了近 6000 万美元，或者说约 4 亿元人民币！

我们还可以利用上表初步估算中国作者向国外开放存取期

刊贡献费用的总规模：表中显示，2017 年中国作者在表中前七种期刊上总共发表了 29232 篇论文，单篇论文的平均费用是 2030 美元；而 SCI 数据库显示，2017 年中国作者总共发表了 69051 篇开放存取论文，我们保守假定平均每篇的费用为 1700 美元，则 69051 篇 ×1700 美元 / 篇 =117386700 美元，即 2017 年中国作者向开放存取期刊贡献的总费用约为 8 亿元人民币。笔者还用同样的方法和同样的数据来源，估算了 2016 年中国作者向开放存取期刊贡献的总费用，同样约为 8 亿元人民币。由于我们采用了非常保守的估计，这显然只是总规模的下限。

再看表中左起第六列，2017 年中国作者在这八种期刊发文总数中的占比，《肿瘤生物学》高达 65.5%，《肿瘤靶标》高达 80.3%，《国际临床与实验医学》杂志更达到了惊人的 95.3%，简直就是为中国作者量身定制的美国期刊！

2017 年初，当中国作者 107 篇论文被撤销事件刚刚曝光时，笔者就在《光明日报》上发表了题为《应该尽快公布掠夺性期刊黑名单》的文章。而有些基层单位的管理部门早已发现问题并采取了措施，例如表中的《Plos One》《医学》《Oncotarget》《科学报告》四种期刊，在中国一些科研机构和医院中已经有了“四大水刊”（缩写为 PMOS）的恶名。

“水的记忆”：科学神刊的惊人操作

——《自然》杂志办刊往事（1）

*

从 2009 年开始，由外语教学与研究出版社、麦克米伦出版集团、自然出版集团联合出版的《〈自然〉百年科学经典》，总共 10 卷，全部中英文对照。英方主编为《自然》两任主编马多克斯（J. Maddox）和坎贝尔，中方主编为时任中国科学院院长路甬祥院士，李政道任总顾问。

如此皇皇巨著，按照我们的习惯，肯定要隐恶扬善，尽力突显该刊的辉煌历史和学术成就才对，然而坎贝尔在前言中谈到了《自然》杂志曾经发表过的“不仅仅是错误的，而且简直算得上是臭名昭著”的几篇论文，其中包括“水的记忆”——这篇文章仍然被收入《〈自然〉百年科学经典》中了。

为何要将主编自己承认是“臭名昭著”的文章收入如此重

要的纪念性文献中？那是因为此文以及围绕此文发生的一系列事件，在《自然》杂志历史上实在是太令人难以忘怀了。

一篇充满争议的论文

所谓“水的记忆”，是指1988年6月30日在《自然》上发表的，法国国家健康与医学研究院免疫药理学与过敏反应研究组的题为《高度稀释的抗lgE抗血清引发人嗜碱性粒细胞脱颗粒》（Human Basophil Degranulation Triggered by Very Dilute Antiserum against lgE）的论文。该研究组由免疫学家邦弗尼斯特（J. Benveniste）领导。论文中宣称，他们在实验中发现了一个惊人现象：将溶液中的抗体稀释，每次稀释浓度为上一次的1/10，连续进行120次之后，抗体已被稀释到其分子不存在于溶液中的地步，却仍可引发免疫应答（具有生物学活性）。这等于是说，水具有记忆功能——这正是“水的记忆”名称的由来。

在西方医学界，有一种长期非常有争议的非主流医疗方法被称为“顺势疗法”，其基本原理是让患者摄入某种高度稀释并经过震荡的烈性物质（比如汞或锌之类的有毒物质），以毒攻毒，达到治疗目的。但传统医学界一直认为顺势疗法没有任何具有说服力的理论基础，而邦弗尼斯特团队的这篇论文，虽未提及在医疗上的实际应用，却可能为“顺势疗法”提供实验依据，所以论文一经发表，立刻引发高度关注和争议。这本来仍属正常，但在《自然》时任主编马多克斯的惊人操作下，迅速发展成《自然》杂志历史上最著名的论文争议事件。

其实邦弗尼斯特团队的这篇论文 1986 年就已投给《自然》杂志，审稿持续了两年之久，反馈了审稿意见的三位审稿人一致认为“实验一定在某个环节出了问题”，这等于直接否定了论文所报告的实验现象的真实性。

按照国内学术界对“国际顶级科学期刊”的投射想象，这样一篇被三个审稿人一致否定的论文，肯定不应该在《自然》杂志上发表，然而它居然被发表了。

《自然》杂志的惊人操作

更惊人的是，马多克斯和邦弗尼斯特在文章发表前达成了这样的协议:《自然》杂志先发表这篇论文，然后派出调查小组前往邦弗尼斯特的实验室进行调查。

检视《自然》杂志,《高度稀释的抗 lgE 抗血清引发人嗜碱性粒细胞脱颗粒》文末所附一段“编辑保留”中写道:“本文结果的实质为，即使把抗体稀释到样品中不可能含有一个分子的浓度时，其水溶液仍然保持了激发生物反应的能力。这种活性不具备物理基础。在与邦弗尼斯特教授友好沟通之后，《自然》杂志已经安排独立的调查员前去观察实验重复。调查报告将于近期公布。”

《自然》杂志派出的“独立的调查员”，马多克斯后来在文章中交代过，由如下三人组成：职业魔术师兰迪（J. Randi）、国立卫生研究院的斯图尔特（W. Stewart）和《自然》杂志主编马多克斯本人（他将自己描述为“一位具有理论物理学背景的记者”）。这个三人调查小组的成员资格后来备受争议。

去科学实验室调查为什么要请职业魔术师参加？马多克斯解释说“邀请他的初衷是希望他能够发现这个著名的实验结果中是否含有某种欺骗性的成分”，这表明马多克斯在调查进行之前就已怀疑邦弗尼斯特实验室造假，这样的人选事实上是对邦弗尼斯特研究团队尊严的侮辱。

邦弗尼斯特并非不知道这一点，但他选择了隐忍。在接受法国媒体采访时，他表示“我需要一个没有争议的国际期刊来发表这篇论文”。为了让论文在神刊上发表，邦弗尼斯特没有对这个名单提出异议，但是马多克斯的行事风格和炒作手段大大超出了他的想象。

按照国内学术界对“国际顶级科学期刊”的投射想象，马多克斯既然已经决定派出调查小组前往调查，那肯定应该等调查结论出来之后，再决定论文是否发表，然而马多克斯已经怀疑论文造假，竟还决定先发表论文，后展开调查，炒作的用心岂不是昭然若揭？

突破底线的炒作

一个月后的 7 月 28 日，主编马多克斯亲自下场了。他在《自然》杂志刊登了自己领衔署名的文章《高倍稀释实验的错觉》（High-Dilution Experiments a Delusion），直接宣称“一个《自然》杂志调查小组认为，邦弗尼斯特博士和他的同事在他们的著名论文中提出的观点缺乏可靠证据”。

时任主编亲自撰文，直接推翻自己杂志上个月刚刚刊登的著名论文的结论，无疑是极为罕见的举动。更出人意表的是，在同一期杂志上，《自然》还刊登了邦弗尼斯特的回应文章，他当然不接受调查小组对实验的否定结论。

随后双方在媒体上“大打出手”。马多克斯宣称邦弗尼斯特的实验室“习惯性作弊”“对取样错误视而不见”“自比伽利略”“妄图通过在世界顶级科学期刊上发表论文为不可靠的科学成果获取背书”……邦弗尼斯特则怒斥马多克斯“穷尽伎俩把自己的整个团队设计进陷阱中”，指控马多克斯的调查小组是“一群缺乏基本科学实验素养的业余人士”，他们“自行篡改实验程序，严重歪曲事实”，说他们是抱有阴暗动机的“猎巫者”“科学麦卡锡主义者”，告诫同行“永远不要让这群人进入实验室”。

事实上，马多克斯此次的炒作手法，连他在《自然》杂志社的同事也无法接受，此事曾在杂志编辑部引发严重争议。《高度稀释的抗 lgE 抗血清引发人嗜碱性粒细胞脱颗粒》作为正式的学术论文，按理应刊登在《自然》杂志的“论文”专栏，但据后来成为《自然》杂志编辑的温茨（C. Wenz）透露，因为杂志没有一个编辑愿意把这篇文章刊登在自己负责的栏目中，马多克斯不得不利用主编权力另设一个“科学”栏目，单独发表此文——他也不怕为刊登此文引发的一切后果负责。

最后“剧透”一下这场炒作的结局：邦弗尼斯特身败名裂，《自然》杂志更上一层楼。

《自然》杂志到底审不审稿?
——《自然》杂志办刊往事(2)

*

很多中国学者都以为《自然》杂志有非常严格的审稿制度,其实这只是我们习惯于将自己心目中对理想科学期刊的主观想象投射到神刊上去的结果。事实上《自然》杂志根本不奉行我们想象中的审稿制度。

《自然》杂志的历史记录

如前文所述,“水的记忆”是三人审稿一致否定而主编马多克斯仍然决定发表的。但这远不是《自然》杂志历史上的孤立事件。例如 1990 年,英国著名天文学家霍伊尔(F. Hoyle)

与同事在《自然》杂志上合作发表了一篇反对大爆炸宇宙理论的论文，马多克斯在同期的社论中专门说明，该论文未获得审稿人的赞同意见，但“考虑到它足以引起读者的注意和兴趣”，仍决定发表。

马多克斯曾两度担任《自然》杂志主编，而《自然》杂志能登上如今的神刊地位，马多克斯是极为关键的人物。他自己在《自然》杂志上撰文告诉读者，在他的第一任期间（1966—1973 年），有两位作者的论文他从不送审，一位是考古人类学权威利基（L. Leakey），另一位就是著名天文学家霍伊尔。

1971 年，利基曾投过一篇论文给《自然》杂志，该文首次披露了“人类起源于非洲”的重要考古证据。但利基很快要求撤回，想进一步研究有关的古生物化石后再做定论，而马多克斯拒绝了利基的撤稿要求，并在不审稿的情形下将论文发表，该文后来成为古人类学领域的经典。

霍伊尔于 20 世纪 50~60 年代在《自然》杂志上发表过数篇文章，讨论史前巨石阵功能和宇宙本质，许多学者认为其观点无法证实，“很不靠谱”，但他的文章独得马多克斯青睐。1977 年，霍伊尔在一篇论文中提出“地球生命源于星际细菌”的观点，马多克斯又不审稿即发表，理由竟是“评议专家无法有效判定这个假说是否合理”——这不啻是说全世界只有马多克斯才有资格来判定。

《自然》杂志的政策宣示

不审稿而刊登论文，这后面有更深的背景。不了解这些背景，就无法真正知道科学神刊是怎样办成的。

这里首先要对“审稿”这个概念进行澄清。在国内学术界，通常“审稿”都意味着审稿人给出的审稿意见，对该稿件是否发表具有决定性作用。这是因为国内普遍认为，设立由相关领域资深学者组成的编委会和实施同行评议（请杂志编辑部之外的学术同行进行匿名审稿），是科学期刊作为“学术公器”的必要条件。所以一篇文章是否发表，既不是主编也不是编辑部人员说了算，而是经过编委会集体讨论后的决定。在这种讨论中，审稿专家的意见通常都具有决定性作用。

然而，对于《自然》杂志来说，“审稿”具有完全不同的含义。《自然》杂志的审稿只是某种“业务外包”，即审稿人的意见仅供杂志参考，并不能决定稿件刊登与否。例如《自然》杂志在 2010 年的一篇社论中回应“杂志审稿出现一个负面评议就毙稿”的说法：“恰恰相反，2009 年有好几篇论文，尽管所有审稿人都表示不宜发表，但《自然》杂志评估后还是发表了它们。进行内部评议一直是我们的工作中心。”

决定稿件刊登与否的，既不是审稿人，也不是编委会——《自然》杂志在各种场合反复强调：《自然》杂志以及它旗下的所有杂志从来不设编委会。例如坎贝尔 2014 年 5 月访华，接受果壳网采访时明确表示:“我们从不设编委会，我们的编辑一直是选定文章和做最终决定的人……自然集团的所有期刊都是这样。”

不设编委会，不搞同行评议，是《自然》杂志引以为傲的传统,《自然》杂志强调自己是独立杂志，不从属于任何学会或学术机构。《自然》杂志官网上“编辑标准和程序”中明确表示:“杂志没有由高级科学家组成的编委会，也不附属任何学会和学术机构，因此它的决定是独立做出的，不受制于任何单独个体持有的科学或国家偏见。什么样的论文能吸引读者广泛关注，由《自然》杂志的编辑而不是审稿人来做出判断。”

这就引导到另一个重要问题:《自然》杂志选择稿件的依据是什么呢?

马多克斯在社论中提供了明确答案——依据读者兴趣:“文章是用来读的，科学论文也不例外。如果作者兴趣和读者兴趣发生冲突，读者兴趣决定期刊政策。”

所谓“读者兴趣”，说到底其实就是“编辑兴趣”——由编辑来判断读者究竟对什么文章感兴趣，而判断往往带有很大的主观性。马多克斯表示：文章发不发表，并不意味着对文章的优劣判断，只是一种“主观旨趣”的表达。论文没有被《自然》杂志发表，也未必是负面审稿意见所致（《自然》杂志一般情况下并不向作者返回审稿意见）。

《自然》杂志公然宣称文章发表与否只是编辑考虑读者兴趣后的“主观旨趣”，在学术刊物中极为罕见。对大多数学术期刊而言，发表稿件首先考虑的当然是学术性，至于文章是否吸引读者，那是只能偷偷考虑的事情。

《自然》杂志的这种办刊理念，多年实践证明成效卓著——最有力的证明就是如今它的神刊地位，所以这一办刊理念被《自然》杂志历任主编秉持至今。

《自然》杂志不审稿的历史丰碑——双螺旋论文

《自然》杂志对论文不审稿就发表的先例并非马多克斯开启，因为《自然》杂志当初作为一本科普杂志在 1869 年创刊时，本来就不存在后世的同行评议和审稿制度。而且，至少在马多克斯的前任布林布尔（L. J. F. Brimble）任内，就已经有过著名案例——1953 年沃森（J. D. Watson）和克里克（F. H. C. Crick）大名鼎鼎的 DNA 双螺旋模型论文《脱氧核糖核酸的结构》（A Structure for Deoxyribose Nucleic Acid）就是以不审稿的方式发表的。

这篇只有两页的短文被称为“《自然》杂志有史以来发表

的最著名文章”，也是《自然》杂志几任主编在各种场合引以为傲的文章。马多克斯多次在《自然》杂志上撰文谈及此事，为布林布尔的做法找出种种理由。

比如1989年马多克斯表示：“沃森和克里克1953年发表的DNA双螺旋模型论文不可能经过正式审稿程序……文章4月2日收稿，4月25日发表，不可能有充裕的时间让专家审稿和评议。”1995年他又表示，这篇论文只是设想，“和实验数据也只是大致相符……这种表述很难让审稿专家满意”。2003年，马多克斯在回应读者追问为什么双螺旋论文没有送审的来信中，又给出不审稿的两条理由：第一，同领域专家一旦看到论文中的双螺旋模型，谁能保证完全保守秘密；第二，投稿由卡文迪许物理实验室主任布拉格（W. L. Bragg，1915年诺贝尔物理学奖得主）推荐，这就等于已经获得最权威的审稿意见。

显然，马多克斯对《自然》杂志不审稿就发表了经典论文相当自豪，至于他谈到的理由多数都站不住脚：审稿时间不够，完全可以晚几期再发表；数据不准确（难道不应该改进吗）；而任何论文送审都存在保密问题。只有最后一条理由勉强可以说得过去。

《自然》“史上最小恐龙”的撤稿故事

——《自然》杂志办刊往事（3）

*

在中国的期刊江湖中，撤稿被认为是一种严重的工作失误，是要写检讨受处分的。因为中国人普遍认为，期刊发表一篇文章，就意味着期刊以自己的声誉为该文章背书了，意味着该期刊认为该文章内容正确，并具有价值。中国期刊的撤稿现象极为少见，通常只发生于已刊文章被确认抄袭或造假的情况下，被撤稿的作者通常就有身败名裂之虞。

然而在以《自然》杂志为代表的西方科学神刊那里，撤稿却是一种很常见的事情，经常发生，无伤大雅，甚至可以被视为家常便饭。

“蜂鸟大小的恐龙”

2020 年 3 月 12 日，《自然》发表了题为《缅甸白垩纪蜂鸟大小的恐龙》（Hummingbird-sized dinosaur from the Cretaceous period of Myanmar）的封面文章，领衔署名者是中国地质大学（北京）某副教授。不料从次日就开始出现大量争议，认为论文的结论——发现了史上最小恐龙——是荒谬的。

国内许多仍习惯于对西方科学神刊进行理想投射的古生物界人士，对《自然》刊登此文表示了强烈的质疑、不解和义愤。他们无法理解，一本“国际顶级科学期刊”为什么会刊登这样一篇结论明显荒谬的文章。

之所以出现这样的情况，有以下两个背景需要补充。

中国学者在《自然》这样的神刊上发文章，古生物学界厥功甚伟。20 世纪 90 年代，中国学者在《自然》杂志上发表文章开始多起来，其中古生物学方面的文章占据了很大的份额。这是因为古生物学论文需要依据古生物化石，而中国广阔的地域不时会有新的古生物化石出土，中国学者在这个特殊领域具有某种地域优势。

但在另一方面，古生物化石又是可以在国际文物市场上流通买卖的，在全球化经济浪潮中，这种现象近年来相当常见。因为写古生物学文章离不开古生物化石，所以有些研究者也会购买化石。后来一部分中国学者 / 商人也开始涉足这一市场，在古生物化石市场出现了一些类似掮客的人物。这些掮客似的人物还可以向购买古生物化石的学者提要求，比如在根据这些化石写成的论文上署上自己的名字。

而在《缅甸白垩纪蜂鸟大小的恐龙》这篇文章的风波中，有些学者的义愤还来自他们对这次领衔署名者的反感，有人认为他就是一个古生物化石市场上的贩子，而《自然》杂志在他们心目中又是如此神圣，怎么可能刊登一个化石贩子署名的胡说八道的文章呢？

作者要撤稿，杂志却不想撤

圈子里一些学者的义愤逐渐高涨，当然就惊动了媒体。稍后《中国科学报》就此事对笔者做了专访（刊登于 2020 年 3 月 26 日科学网公号和 4 月 9 日的《中国科学报》），记者问我，为什么这些学者对《自然》杂志发表这篇论文会如此义愤填膺？他们的义愤来自何处呢？我向记者解释，这些学者的义愤来自对《自然》杂志的主观想象，因为在他们心目中，《自然》杂志这样的“世界顶级科学期刊”，在文章的审查方面必定是极为严肃的，必定是通过了权威同行的严格审稿之后才会发表的。现在居然发表了这样一篇结论明显荒谬的文章，这简直要让《自然》杂志在他们心目中的光辉形象轰然倒塌。

笔者还向记者简要解释了《自然》杂志的办刊理念和常见手法，根据《自然》一贯秉持的办刊理念，发表某篇文章，绝不意味着杂志以自身声誉为文章内容的正确性背书，而只是杂志认为读者会对这篇文章感兴趣而已，所以发表这样一篇文章是太正常不过了的。

记得当时《中国科学报》的记者还问我，该文有没有撤稿的可能，我向她表示，当然有这样的可能。但即使作者此刻自己要求撤稿，《自然》也不一定会同意。对于我的这个判断，记者当时表现得将信将疑。

但数日后她打电话告诉我，真的发生了我预言的情况：该文通讯作者联系《自然》杂志表示希望撤稿，然而“杂志编辑认为无须撤稿，因为毕竟科学界经常犯错”。她问道：“为什么您居然能够预测到这样的情形？”我说很简单，因为《自然》杂志还没炒作够呢。

四个多月后，这场小小风波最终以该文于 2020 年 7 月 22 日正式撤稿宣告结束，论文作者的学术声誉无疑已大大受损。古生物界确认“发现史上最小恐龙”是子虚乌有，当初的各种质疑和义愤也都渐归沉寂。

但是，一两次学术小圈子里的小众风波，并不会立刻从根本上改变许多学者心目中对西方科学神刊的固有认知，愿意将自己对理想科学期刊的想象投射到《自然》杂志这类西方“神刊”上的人，仍会自觉或不自觉地继续这种投射。

尾声和教训

我一连讲了三个科学神刊的办刊故事，在前面的故事中，几家欢乐几家愁，我们先简单看一下各家的状况。

《自然》当然一直是赢家，如今全球 9000 多种 SCI 杂志中，长年盘踞影响因子前二十名的神刊，《自然》及其旗下子刊占据一半。

在“水的记忆”事件中，《自然》先发表论文，后调查真伪的惊人操作，虽然在《自然》一贯秉持的办刊理念中情有可原，但时任主编马多克斯这样处心积虑地实施炒作，还是突破了期刊办刊手法中通常的下限，所以连他当时的同事都无法接受。但从实际效果来看，事件引发的剧烈争议持续数月，为《自然》赚了大把的“流量”，对提升影响因子绝对有正面贡献。几任主编事后谈及此事也都不以为耻，甚至可以坦然以“臭名昭著”自嘲。

最悲催的是邦弗尼斯特，他费尽心思把论文发表在《自然》上，不仅没有获得预期的背书效果，反而给他的事业带来灾难。马多克斯调查报告的发表，对邦弗尼斯特的学术声誉造成了巨大损害，先是他的研究资助被切断，后来他被迫离开学术界，只能自筹经费继续搞与“水的记忆”相关的研究，2004年憾然离世。

邦弗尼斯特迷信神刊，不惜参与“大神”精心策划的神刊游戏，结果未见其利，先见其害，让自己成了神坛上的祭品。“史上最小恐龙”风波中，论文作者也成了祭品。

撤稿的现象在西方科学神刊中普遍存在，《自然》《科学》《柳叶刀》等都发生过多次撤稿事件，有时候甚至批量撤稿。撤稿主要有两种情形：一种是刊物宣布撤稿，这往往和抄袭或造假有关；另一种是作者自己要求撤稿，比如2017年8月3日，韩春雨宣布从《自然》的子刊《自然·生物技术》（*Nature Biotechnology*）上撤稿，“史上最小恐龙”的撤稿也属这种情形。

这些西方科学神刊之所以不害怕撤稿，甚至敢于操弄撤稿的游戏，是因为在西方期刊界并不存在“期刊发表文章就意味着期刊以自身的声誉为文章背书”这样一种在中国普遍存在的共识。所以神刊敢于发表富有争议的，甚至明知其结论荒谬的文章，只要这种文章能引起读者关注，就可以先赚一波“流量”再说，等公众的关注热情过了，再宣布撤稿了事。

这些故事给世人的教训是非常深刻的：神刊高踞神坛，笑看世人纷纷攘攘前来献祭（投稿），神刊间或拣选个把合适的祭品享用一番（炒作），虽然事后献祭者身败名裂，但神刊的光辉只增不减。

第四章

历史中的科学

历史事件的年代不是用历法算出来的

*

天文学家不知道哪部历法更精确？

很多人对于历史事件年代的推算及其表达都不甚了了，只是因为它毕竟和人们的日常生活关系不大，人们即使偶有疑惑，往往也会不了了之，将它放到一边了。

大约 20 年前，笔者在“夏商周断代工程”中负责的武王伐纣年代专题开始陆续向公众公布研究成果，在媒体上反响热烈，上述问题才再次浮现。

有些人看到媒体上对某个历史事件发生年代和日期的报道——例如笔者团队研究的结论：武王伐纣的牧野之战发生于公元前 1044 年 1 月 9 日，或孔子诞生于公元前 552 年 10 月 9 日——就提出疑问。这些结论中的日期，是儒略历的还是格里历的？本来他们颇以自己能够提出这样“专业”的问题而自豪，但当他们得知上述日期都是儒略历的，马上就产生了更大的疑问：格里历不是比儒略历更精确吗？现在全世界都在使用格里历，为什么上述日期还要用儒略历？还有的人甚至一看到天文学家使用儒略历来表达公元前某事件的日期，立刻就兴奋起来，以为自己发现了天文学家的大错误：中国科学院上海天文台的那些研究者连应该用儒略历还是用格里历来推算历史事件的年代都搞不清楚，这些天文学家不都是欺世盗名之徒吗？这些人士的鄙视和义愤顿时溢于言表。

其实，这时候我们就需要常识了：天文学家再怎样欺世盗名、浪得虚名，也不可能不知道格里历比儒略历精确。所以显然需要从另一方面来考虑问题：天文学家用儒略历来陈述牧野之战或孔子诞辰的日期，是不是另有精确性之外的原因？

事实上，确有这样的原因。而许多对历史有兴趣的非专业人士，对这方面的原因，对陈述历史事件日期时如何在儒略历和格里历中选择，以及天文学界和历史学界在有关问题上的通行约定，实际上并不了解，甚至根本没有意识到这方面问题的存在。

推算年代和表达年代

有个古代的段子：罗马人确实经常打胜仗，但不知道是哪天打的。这个段子有助于理解这个看似简单的问题的复杂性。

首先，我们必须区分清楚，“推算历史事件的日期”和“陈述历史事件的日期”是两件完全不同的事情。但在许多人的认知中，这两者通常都是混为一谈的。

事实上，天文学家在推算一个历史事件的日期时，既不使用儒略历，也不使用格里历。

通常，他们先要借助现代天体力学，来回推用以确定历史事件日期的对应天象出现的日期，然后再计算该天象距今的日期，计算时他们使用的是“儒略日”——这是一种没有年和月，只有日的计时系统。例如，武王伐纣的牧野之战发生于“儒略日”1340111 日，孔子诞生于“儒略日”1520087 日。

任何历法中的任何日期，理论上都可以用“儒略日”来表达。而“儒略日”与公历之间的对应关系是明确的：“儒略日”的起算点是儒略历的公元前 4713 年 1 月 1 日。

天文学家推算出一个历史事件的日期后，当然要将它陈述出来，如果陈述为“孔子诞生于儒略日 1520087 日”显然是不合适的，为了便于公众理解和接受，所以只能用公众熟悉的历法来陈述。

但是，用哪种历法来陈述一个历史事件的日期，与儒略历和格里历哪个更精确没有任何关系。需要考虑的是另外一些因素。

现在全球通用的公历是格里历，公历在公元 1582 年呈现出一个分界点——这年罗马教皇格里高利十三世颁布了格里历，并在一些天主教国家开始使用。这个分界点带来了一系列问题，为了解决这些问题，人们不得不进行一些约定。

首先，对公元 1582 年以后的日期都用格里历来陈述，这很容易理解。

其次，对从儒略历开始使用的公元前 46 年到公元 1582 年这 1600 多年中的日期，因为格里历还不存在，当然用儒略历来陈述。

比较麻烦的是，对于公元前 46 年之前的日期，应该用什么历法来陈述呢？不少人因为想当然地以为历史事件的日期就是用“历法”推算的，而格里历又比儒略历精确，就认为应该用格里历来陈述。但他们只要稍微深入地想一想，就会发现事情没那么简单。

在公元前 46 年之前，既没有儒略历也没有格里历。当然，在那个时代的世界上，已经存在着多种多样的历法，比如埃及历法、罗马历法、中国历法等等。但是如果今天要将一个历史事件的日期以全世界都能理解的方式陈述出来，当然不能仅用当地的历法。上面那个关于罗马人不知道哪天打胜仗的段子，反映的正是这个困境。所以公元前 46 年之前的日期用哪种历法来陈述，必须有所约定。

国际历史学界和天文学界的约定是：公元前 46 年之前的日期用儒略历来陈述。这也许是一个不成文的约定，但确实合理：既然公元前 46 年开始使用儒略历，那么将这一历法向公元前 46 年之前的年代延伸，是顺理成章的。而让格里历跳过 1600 多年再来向公元前 46 年之前延伸，显然不合常理。

为什么不使用尽善尽美的历法？

从公元前 46 年儒略·恺撒颁布新历法，儒略历用了 1600 多年。教皇下令改历，是因为到 1582 年，儒略历的误差积累已和实际天象相差了 10 天。教皇对这一从历法角度来说已属骇人听闻的巨大误差，采用“简单粗暴”的解决办法——直接宣布将儒略历的公元 1582 年 10 月 5 日改为格里历的 10 月 15 日。凭空去掉了 10 天，这让许多人感觉非常荒谬。

格里历确实更为精确，要 3300 多年才会积累起 1 天的误差，按理说应该很容易被世人接受，但事实并非如此，因为这远非精度这样一个单纯的技术问题。那时，新教改革已经兴起半个多世纪，新教诸侯与罗马教会之间的矛盾早已公开化，圣巴托罗缪大屠杀的惨剧也发生十年了，因此对于罗马教皇颁布的新历，一些新教国家当然拒绝实行。

几十年后，大部分西方国家逐渐接受了格里历，到 20 世纪初，格里历已在世界上普遍使用。1911 年辛亥革命，临时大总统孙中山签署颁布的“天字第一号”令就是《改用阳历令》，宣布 1912 年 1 月 1 日为中华民国元年元月一日。

但上述情况带来了一个问题：在 1582 年之后的 300 多年间，一些国家的历史事件会有两个日期，比如牛顿的生日就有 1642 年 12 月 25 日（儒略历）和 1643 年 1 月 4 日（格里历）两个日期，“十月革命”则有 1917 年 10 月 25 日（儒略历）和 1917 年 11 月 7 日（格里历）两个日期。这两个日期应该采用哪个，也很难得出确切结论。通常人们都采用儒略历的那个，因为英国直到 1752 年、俄国直到 1919 年才使用格里历，在牛顿出生、“十月革命”爆发时，事件发生国都还在使用儒略历。

世间虽没有尽善尽美的历法，但比现行格里历更合理、更完善的历法肯定是有的，人们已经提出过不止一种方案。一些国家还有民间的改历运动组织，长期呼吁改历，比如俄罗斯、中国就都有这样的民间组织。但是为什么各国政府都不愿意再改历呢？那是因为，哪怕由联合国来主导，全球统一行动，改历也会带来与历史对接的巨大麻烦，比起忍受现行格里历那一点无伤大雅的不完善之处，改历完全是得不偿失的。

疫中读史：1918 年大流感和今天的新型冠状病毒感染

*

新型冠状病毒感染疫情在全球暴发之后，每天都有令人惊讶的新闻传来，无数争议在上演，有些争议肯定还会持续很长时间。此时，回顾 100 年前那场极为惨烈的 1918 年大流感，肯定会有许多意想不到的启发。

口罩变成西方自己挖的坑

在美国刚刚登上全球新型冠状病毒感染确诊人数第一名时（本文原载于《新发现》杂志，2020 年第五期），有青年朋友给我发来几张黑白老照片，照片上的美国工人、警察、军队、官员等，都戴着口罩。原来这是1918年大流感时留下的照片。青年朋友的意思是：看看100年前，西方人戴口罩好像没问题嘛！她发这些照片来是事出有因的。

当中国全力抗疫时，西方人可能认为事不关己，所以戴口罩一度成为西方媒体诋毁嘲笑中国的题材。没想到疫情随即在西方世界大暴发，这时西方媒体当初对中国的诋毁嘲笑就变成其给自己挖的坑了：既然戴口罩是我们刚刚嘲笑过的举措，我们自己怎么能马上就学着做？犹犹豫豫、半推半就之际，疫情已在他们身边惊天暴发，最终口罩还得戴，疫情还得防，然而已经晚了。

随着疫情发展，越来越多的人开始想起1918年的大流感，约翰·M. 巴里的《大流感：最致命瘟疫的史诗》（*The Great Influenza: The Story of the Deadliest Pandemic in History*，以下简称《大流感》）一书的中译本在那场流感100周年纪念时出了新版。在这场疫情中重温此书，当然再适合不过。青年朋友发来的老照片就在书首。

纽约街头的警察和环卫工人都戴着口罩！图注说："所有纽约城的工人都戴上了口罩。"另一组照片是西雅图的工人、警察和在街上行进的军队，他们也全都戴着口罩！图注说："同其他地方一样，西雅图成了一个'口罩'城市。"很明显，在当时的美国，戴口罩并未成为问题，今天西方人的祖辈要明智得多。那时美国一个军营医院的负责人乔（Joe Capps）在《美国医学会杂志》上发表文章，介绍给病患戴口罩的方法，认为这非常有效。戴口罩很快作为成功经验得到推广。那时旧金山、圣迭戈等城市甚至颁布了所谓的口罩令（Mask Order），要求健康的市民在公共场合也必须戴口罩，违者将被处罚款，甚至监禁。

戴口罩在中国当然没有形成问题，中国公众出门都自觉戴上口罩，没产生过争议。初期出现口罩短缺也很正常。但这次口罩在西方疫情中的主要问题，开始是人们普遍不愿意戴它，后来政要们对口罩的态度终于开始改变，特朗普也正式建议大家戴口罩了，他还表示如果没有口罩可以用围巾代替。白宫应对疫情的特别小组成员福奇则表示："最好的方法之一就是使用口罩，但一个障碍是，必须确保不从医护人员手中夺走口罩。"——他的话说明美国的口罩短缺问题当时仍未解决，难怪美国屡次抢夺别国的口罩，甚至在机场用高价截走别国订购已经交货的口罩。

从"大海兽号"到"罗斯福号"

1918 年那场大流感的杀伤力是如此之大，以前通常估计死亡人数为 2000 万，后来新的估计为 5000 万 ~1 亿。而今天的新型冠状病毒感染疫情无论再怎么肆虐，相信它也不可能造成那样级别的死亡。当时正值第一次世界大战后期，那时盛行阵地战、堑壕战，双方经常会有几十万士兵在前线堑壕中对峙，这正是最要命的“大规模聚集”，所以各国军队中病毒肆虐。

2020 年 4 月 17 日，中国订正了新型冠状病毒感染疫情暴发以来的死亡总人数：累计全国新型冠状病毒感染死亡病例 4632 例。这个数量当时在全球各国疫情中，连前五名都排不上，美国、法国、意大利、西班牙等国的死亡人数，都大大超越中国（据 2020 年 4 月 20 日中午的数据，美国确诊 76.2 万人，死亡 4 万多人，全球累计死亡 16 万多人），更何况它们的人口只有中国的 1/20~1/4。

仅仅比较数据是不够的，还可以看更为形象化的个案。1918 年，美军用从德国征用的巨轮“大海兽号”（Leviathan）作为运输舰，向欧洲运送陆军，出发时船上已有疫情，但军方为了不让欧洲战线崩溃，坚令起航。为了维持秩序，还在舰上配备了 432 名军警。结果“大海兽号”变成死亡之船，“看起来就是真正的人间地狱”。起先航行日志中还记载每个死亡士兵的详细信息，后来死人如麻，值日军官只能记下时间和姓名了。在航程中死去的士兵被直接扔进大海：“甲板上尸体一具挨着一具，说几句话，念一个名字，一具尸体就从船上落入大海里。”当“大海兽号”终于到达目的地布雷斯特港时，所运送的 9000

人的陆军部队几乎全部丧失战斗力，其中已有 2000 多人感染。

截至本文撰写时，在这次新型冠状病毒感染疫情中，已有美军四艘、法军一艘航母上的官兵感染，甚至有核潜艇被感染的传言。美军航母“罗斯福号”上有 5000 多名官兵，舰长克洛泽因舰上出现疫情，写信要求让士兵上岸，结果竟立遭解职，还被特朗普痛斥“你不是海明威，这不是文学课”。作为海军上校，克洛泽想必知道“大海兽号”当年的惨剧。幸好这次他被媒体视为英雄，将他解职的海军部长也在各方批评声中很快辞职了，“罗斯福号”上的大部分官兵终于被允许上岸——他们中间已经有 500 多人被感染。

徐光启的悲剧人生

*

徐光启一直是传奇人物，他在明朝当大官，信天主教，译《几何原本》，编《农政全书》，修《崇祯历书》，今天“魔都”的繁华商圈之一徐家汇，就是因徐光启而得名。在常见的读物中，徐光启又几乎总是和“科学”联系在一起，连蒋介石都亲笔为他写过“科学导师”的题词（石碑现存徐光启博物馆）。

但徐光启，徐文定公，他的一生其实是一出彻头彻尾的历史悲剧。

久困场屋，一生痛苦

徐光启出生时家境贫寒，他去应乡试时不得不自己担着行李在江边冒雨步行，而母亲在家竟至断粮。徐光启 19 岁中秀才，开始了他漫长的科举之路，直到 42 岁那年，他才算将这条做官报国的必由之路走完——这年他终于中了进士。科举之路持续了 23 年之久，也可谓“久困场屋”了。

明朝承平日久，士大夫生活优渥，许多知识分子空谈“心性之学”，不务实事，故有“无事袖手谈心性，临危一死报君王”之说，腐儒空谈无济于事。但徐光启属于当时另一批讲求“实学”的知识分子，他满怀报国热情，将他的精力和学识投入各种他希望能够有所作为的领域。到他进入仕途的时代，大明王朝已经风雨飘摇，外有满洲人入关的威胁，内有此起彼伏的武装叛乱。徐光启的仕途也不是一帆风顺，中间几度“下课”，还被阉党打击，受到过“冠带闲住”（褫夺权力但保留待遇）的处置。

徐光启活到 71 岁，去世前两个月官至“光禄大夫左柱国太子太保文渊阁大学士”，在一般人看来，似乎也可以算“位极人臣”“福寿双全”了。然而实际上，徐光启一生可以归结为一个“苦”字：贫苦、困苦、劳苦、愁苦、痛苦。在传世的画像（明代作品）中，徐光启消瘦憔悴，眉目间流露出深沉的忧虑。

有人出于对徐光启的尊敬和推崇，将徐光启说成“一个精明的上海人”，说他十分懂得灵活变通。这种说法不符合已有历史文献的描述，从客观效果来说也只会消解徐光启的崇高形象。徐光启一生悲情，年轻时苦学考试，中年做官后忧患频仍。他想做的事情大都遭到各种阻挠，他晚年为之呕心沥血的《崇祯历书》，直至他辞世也未能见其完成。虽然成功引进新式炮兵，结果又偏偏事与愿违……这样的悲情人生，恐怕不会有哪个被视为“精明”的上海人愿意过吧?

徐光启之练兵与造炮

考徐光启一生所成就之重要事功，计有五项：一、引进推广番薯；二、编纂《农政全书》；三、与利玛窦合译《几何原本》；四、组织编纂《崇祯历书》；五、练兵造炮引进新式炮兵。其中徐光启投入心力最大者，在组织编纂《崇祯历书》和练兵造炮。如将这五项事功置于当时的社会文化背景中来考察，并考虑到它们的历史作用，则会有大出今人预料的局面。

关于上述事功的前四项，已经有非常多的论述，关于《崇祯历书》我还在其他文章（《新发现》杂志，2017 年第二期、第三期）中写过，兹不赘述。而练兵与造炮实为徐光启一生悲剧的重要关节，值得深入关注。

徐光启长期为练兵与造炮两事投入极大精力，他不断向朝廷呼吁练兵、造炮、守城等事宜，并积极引进西洋先进火炮技术。1619 年，他还亲自拟定《选练条格》（士兵操典），亲自考核挑选了 4655 名士兵，开始操练。但因为朝廷官僚机构互相推诿牵掣，对军饷器械都不给予充分支持，并不顾他“兵非选练决难战守疏”的正确意见，强行将他尚未完成训练的部队调往前线，终使他练兵的努力付之东流。此后，徐光启的军事思想不得不依靠他的入室弟子、炮兵专家孙元化来实现。

孙元化是徐光启晚年最重要的弟子之一，曾参与《几何原本》的翻译工作，他自己也写过《泰西算要》《几何用法》《几何体论》《西学杂著》等作品，而他的《西法神机》两卷被认为是中国第一部系统介绍西洋火炮技术的专著。所以《明史》卷二四八说“元化者，故所号善西洋大炮者也”。

天启年间，孙元化协助袁崇焕驻守重镇宁远（今辽宁兴城），天启六年（1626 年）后金努尔哈赤率大军进攻宁远，孙元化为袁崇焕设重炮 11 门，痛击后金军，努尔哈赤兵败重伤而死，史称“宁远大捷”。

宁远大捷硝烟弥漫的 1626 年，是徐光启“炮兵救国”理想最接近成真的时刻。根据科学技术史专家的研究，当时孙元化统率着远东地区最先进、最优秀的炮兵部队，当然也是当时中国最精锐的炮兵部队。徐光启等人千辛万苦，甚至动用自己的俸禄，引进欧洲新式炮兵技术，包括铸造、操作，乃至引进外籍炮兵军官，在此基础上建成了孙元化麾下的新式炮兵部队。和中国旧有的炮兵相比，新式炮兵不仅大炮铸造更为精良，而且具备了弹道学原理指导下的瞄准技术。

附带说一句，当时因为朝廷军费不足，而新式火炮的作用又非常明显，所以曾有不少明朝官员捐资捐俸帮助造炮，连当时还效忠明朝的吴三桂也曾加入捐资造炮的行列。

“炮兵救国”之事与愿违

孙元化于崇祯三年（1630 年）升任登莱巡抚——这是当时明朝专为从海上支持辽东战场而设立的特殊职务。虽级别高达巡抚，实际辖境仅包括原山东巡抚下辖的登州、莱州二府。孙元化正准备大展宏图，却不料次年一场莫名其妙的“吴桥兵变”残酷改写了历史。

当时孙元化命属下孔有德部增援大凌河（今辽宁凌海市），行至吴桥，部队因给养不足与当地民众发生冲突，孔有德部哗变，连续攻陷城池，兵锋指向登州。崇祯五年（1632 年）初攻陷登州，孙元化自杀未遂，被俘，城中葡萄牙籍炮兵军官死伤数十人。后孔有德“念旧”，释放了孙元化。

半年后叛军兵败，孔有德、耿仲明率部投降后金，上表称：“本帅现有甲兵数万，轻舟百余，大炮火器俱全，有此武器，更与明汗同心协力，水陆并进，势如破竹，天下又谁敢与汗为敌乎?”皇太极喜出望外，出城十里迎接叛军。这支被徐光启寄托了救国厚望的新式炮兵部队，从此反过来成为刺向大明王朝的利刃。

历史有时是非常戏剧性的——明清之际最著名的一批叛徒，如吴三桂，“三藩”孔有德、耿仲明、尚可喜，以及降清将领刘良佐、刘泽清、白登庸等人，皆曾为孙元化部下。这一现象绝非偶然，正是因为他们统率的新式炮兵在与满洲人的战争中屡建奇功，这些叛将才得以“成长”为大叛徒。

最终孙元化因部下叛变降敌，于 1632 年被朝廷处死。《明史》卷二四八载：“贼纵元化还，诏逮之。首辅周延儒谋脱其死，不得也；则援其师光启入阁图之，卒不得，同张焘弃市。”徐光启没能救下孙元化，他练兵造炮救国的梦想彻底破灭。

孙元化被处死的次年，徐光启在忧愤中病逝。1634 年，《崇祯历书》修撰完成，仅仅又过了 10 年，李自成叛军和清军先后攻入北京，大明王朝土崩瓦解（1644 年）。此时徐光启曾寄予厚望的新式炮兵部队，已经成为大举进入中原的清军的精锐，反而加速了大明王朝的灭亡。而他晚年为之呕心沥血的《崇祯历书》，在 1645 年被改名为《西洋新法历书》，由清朝政府颁行天下，成为新朝“乾坤再造”的象征。

此情此景，若徐光启泉下有知，情何以堪?

“科学圣徒”贝尔纳和他对中国的意义

*

贝尔纳和中国的特殊渊源

贝尔纳（J. D. Bernal），X 射线晶体学家，分子生物学家，又被认为是“科学学”的奠基人，以及社会活动家。他出生于爱尔兰，在英国受教育。他因博学多才，集科学家、马克思主义者、“情圣”于一体，年轻时在剑桥即有“圣徒”的称号。而在中国的科学史和科学哲学圈子里，贝尔纳主要被视为科学哲学家或科学社会学家一类人物，这主要是因为他那本《科学的社会功能》（*The Social Function of Science*）在中国的影响。

不过在 20 世纪 50 年代的中国，贝尔纳实际上是被当成另外一种人物的——他被视为一位西方世界前沿的科学家。

让我先以一则科学八卦开头吧。据贝尔纳的传记作者安德鲁·布朗说，1954 年贝尔纳访问中国时，曾被要求提供一个适合中国大学博士生（研究论文）选题的清单。布朗相信，贝尔纳“显然能够拿出数十个好主意来”，不过他不知道当时贝尔纳的这些主意有没有被中国采纳，也不知道这些主意是否对当时正在快速成长的中国科学界产生过什么影响。布朗认为，此事对当今的中国科学史研究者来说是一个有趣的课题。这个看法我十分赞成——它本身就可以成为博士论文选题。

引起我对这一则八卦感兴趣的原因，首先是如今在中国，有价值的博士论文选题已成稀缺资源。不信你随便找一位博导，让他当场开列“数十个”博士论文选题试试。当然，在这则八卦的叙述中，布朗的措辞可能会引出一点问题：在 1954 年,“中国大学博士生选题”和今天同一措辞的意义显然不可同日而语。如果一定要类比，我想这至少应该相当于今天的“国家自然科学基金重大项目”了。

几乎可以肯定，当时中国方面主要——如果不是完全——是将贝尔纳视为一位前沿科学家来接待的，对他的期望也主要是在科学方面。因为中国当时急于将非常有限因而显得极为珍贵的资源用到前沿的科学技术发展上去。

这让我想起何丙郁教授生前在谈到李约瑟——注意安德鲁·布朗将李约瑟称为贝尔纳的“伟大朋友”——时曾说过的一段话:“引述一句一位皇家学会会员对我说的话：院士到处

都有，我从来没有听说李约瑟搞中国科技史是英国科学界的损失；可是在 20 世纪 50 年代，要让钱三强或曹天钦去搞中国科技史，恐怕是一件中国人绝对赔不起的买卖。”前面将布朗所说八卦中的贝尔纳“数十个”选题类比为“国家自然科学基金重大项目”，正是基于对这种背景的认识。

更为宏大的时代政治背景

然而，贝尔纳在中国的故事还有更为广阔的历史背景。贝尔纳生于 1901 年，在那个时代的英国知识青年中，有一件非常时髦的事——正如安德鲁·布朗所说的，“就像许多一战后的学生一样，他的政治信仰被塑造成了反帝国主义、反资本主义，并且相信苏联布尔什维克革命的承诺”。当我们谈论贝尔纳时，这应该是一个十分重要的背景。

由于特殊的历史背景，包括那个时代的意识形态背景，类似贝尔纳、李约瑟这样左倾的科学家，总是会在社会主义阵营国家受到特殊的欢迎。如果这个判断可以成立，那么我们分析和评价贝尔纳时，对于他们的学说或著作在中国一两代学人心目中获得的某种特殊地位（例如在中国的科学史或科学哲学圈子里，几乎无人不读贝尔纳的书。一些中国学者的回忆也成为这方面的生动例证），就需要注意这个维度了。

安德鲁·布朗在贝尔纳的传记中，对贝尔纳与社会主义国家之间的特殊关系有不少论述。他说贝尔纳认为自己“是一个世界公民，立志尽他所能，用纯粹的应用科学为发展中地区造福”。贝尔纳多次到“他喜欢的国家”去度长假，这些国家里当然包括苏联和中国，通常都是由这些国家的科学院出面邀请。布朗说，对于这些邀请，贝尔纳“不知疲倦并且容易请到”。布朗也证实了我前面的猜想——中国是将贝尔纳作为一位前沿科学家而不是科学史家或科学社会学家来接待的。布朗用稍带夸张的语气写道：“对于资源有限的新兴国家，‘圣徒’就是物理学、化学、晶体学、材料学和冶金学、建筑业以及农业专家。”他访问的国家当然还有东欧社会主义阵营各国，也包括印度等国。

想想看，如此左倾的西方学者——李约瑟在这一点上和贝尔纳堪称志同道合，当然会在社会主义阵营国家享有其他西方同行难以望其项背的声誉。这显然可以在很大程度上解释上面提到的现象：在很长一个时期内，中国读者很少能够读到西方的科学史和科学社会学著作的中译本，但贝尔纳的著作得以一枝独秀。

西方作者眼中的贝尔纳

然而，在中国，尽管贝尔纳的研究以科学史和科学社会学著称，我们却可以发现，在安德鲁·布朗的长篇贝尔纳传记《科学圣徒》（*J. D. Bernal: The Sage of Science*）中，除了他的生平、科学工作、社会政治活动，并没有专门的章节讨论贝尔纳作为科学哲学家和科学社会学家的工作，最多只在不同的地方简要地提到过他《科学的社会功能》中的一些观点。

联想到贝尔纳在中国一枝独秀的现象，不免让人思考，中国早期引进的科学史和科学社会学著作，到底是怎样一种水准呢?

这很可能是一个令人难堪的问题，即使是曾经隐约意识到这个问题的中国学者，多半也会下意识地回避这个话题。不过，当我们谈论贝尔纳时，我们就无意中为讨论这个问题提供了一个合适的语境。

布朗在共有23章之多的《科学圣徒》中，没有为贝尔纳的科学史和科学社会学工作安排专章，对于这一现象，一个最容易想到的合理解释当然就是：布朗不认为贝尔纳的科学史和科学社会学工作具有任何重要意义，值得在一部有23章的传记中为它们安排专章。而且，布朗的这种判断，在西方学术界，好像还不是特立独行、力排众议，而是至少具有一定的普遍性。

如果上面的推断成立，那么下一个问题就跟着出现了：既然中国和其他社会主义阵营国家都主要将贝尔纳视为一位前沿科学家，那为何又对他的在西方学界看来仅属“玩票”性质的科学史和科学社会学工作给予很高地位呢？对这个问题，仍然只能回到当年世界两大阵营意识形态斗争的旧战场上，才可能求得合理的解答。

其实我们不难理解，在当时的思想习惯中，科学技术基本上没有“阶级性”，没有意识形态属性，但是“科学史”和“科学社会学”却肯定会被认为具有意识形态属性。所以在20世纪50年代和60年代，我们不会翻译出版丹皮尔的《科学史》（*Science*），但是肯定可以接受贝尔纳的《历史上的科学》（*Science in History*）和《科学的社会功能》，因为贝尔纳是一个“反帝国主义、反资本主义，并且相信苏联布尔什维克革命的承诺”的人啊！

影响因子之父与科学史的特殊渊源

*

2016 年，我连续写了 9 篇关于影响因子的文章。这 9 篇文章中的前 8 篇主要揭示了如下几方面的问题：SCI 数据和 JCR 报告的私人商业性质、国际学界对影响因子游戏规则合理性的争议和研究、中国国内对影响因子计算公式的长期误解、影响因子游戏顶级玩家利用规则操弄影响因子的主要手法之一（期刊两栖化）。第九篇是临时增加的，因为当时韩春雨事件的发展凸显了迷信影响因子的荒诞后果。

加菲尔德和科学史诸神的私交

今天人们在谈论尤金·加菲尔德的时候，习惯称他为“SCI 的创立者”“影响因子之父”等，但很少有人注意到的是，加菲尔德与科学史界也有着很深渊源：他长期和科学史界的知名人物过从甚密。

在加菲尔德交往的科学史界人物中，名头最大的有三位：普赖斯（Derek. John de Solla Price）、默顿和贝尔纳。

1964 年，SCI 正式出版，加菲尔德邀请上述三人担任“学术咨询顾问委员会”成员。加菲尔德的主动示好，也得到了投桃报李的友好回应：1965 年，贝尔纳在《科学进展》杂志上为首次出版的 SCI 撰写了评论文章。私下交流中，贝尔纳对 SCI 也不吝赞美，称它“将会对处理文献提供全新而有价值的东西”。普赖斯和默顿两人则分别为加菲尔德的《情报学家作品集》第三卷、第五卷撰写了推荐序。

在此后的交往中，加菲尔德与上述三人越发亲近。贝尔纳去世后，加菲尔德的私人商业公司——科学情报研究所与美国科学社会学会共同设立了“贝尔纳奖”。而在 JCR 报告于 1976 年首次出版时，加菲尔德将其题献给了贝尔纳以表敬意。在悼念普赖斯的文章中，加菲尔德表示：“普赖斯离世最大的遗憾，莫过于我和他合作著书撰文的愿望终成泡影。”加菲尔德还在默顿的建议下，为科学史之父乔治·萨顿（George Sarton）撰写了纪念文章。

诸神进入科学计量学

这几位在今天已成科学史上“大神”级人物的上述活动，和当时一门新兴学科“科学计量学”（scientometrics）有密切关系。科学计量学通常被认为发端于20世纪30年代，主要试图对科学技术发展过程进行量化研究，相关的统计分析对象包括具有科学学位的人数、授予科学专利的数量、科学论文的篇数、论文引用文献的数量、论文的被引用次数、科学家申请经费的数额、科研管理部门投入研究基金数目等等。

普赖斯20世纪60年代出版的两部著作，被尊为该领域的经典。一是《巴比伦以来的科学》（*Science Since Babylon*），在书中普赖斯提出了一个基于近300年来科学出版物演变曲线的科学增长模型。二是《小科学，大科学》（*Little Science, Big Science*），原是普赖斯1962年于布鲁克海文国家实验室所做的四次讲演，主要讨论科学的指数型发展和科学家的作用，以及科学发展对当代社会及未来发展的影响。此书于1986年再版时，前言由默顿和加菲尔德共同执笔，文中将普赖斯称为“科学计量学之父”。

加菲尔德与默顿为普赖斯的书合写序言，除私交原因外，还有另一层原因：加菲尔德在 1964 年推出 SCI 数据库，被认为和普赖斯一样是科学计量学的主要创始人之一。1978 年他还和普赖斯等人共同创办了《科学计量学杂志》（*scientometrics*），杂志于 1984 年设立“普赖斯奖”，首奖就颁给了加菲尔德——看上去有没有一点小圈子自拉自唱的感觉？

加菲尔德对科学史的单恋

1999 年，早已功成名就的加菲尔德接受日本记者采访，当被问及“关于引用分析，你希望看到更多哪种类型的研究”时，他的回答居然是“科学史”。这或许反映了他对其相关研究未能在科学史学界产生预期影响的遗憾心情。

加菲尔德非常希望自己能够利用他的 SCI 数据库，直接参与科学史的研究。他曾亲自撰写科学史研究的长文。

加菲尔德的第一篇科学史研究长文发表于 1964 年，由他和两位同事共同完成。文章参照阿西莫夫 1962 年出版的科普著作《遗传学密码》（*The Genetic Code*），利用 1961 年的 SCI 数据，对 DNA 双螺旋结构成果发现之前的相关研究成果进行引用分析，检验是否能通过引用网络图对重大科学成就的前期研究积累情况进行有效描述。

加菲尔德先在阿西莫夫叙述内容的基础上，从《遗传学密码》一书中选出40个科学节点事件（涉及48位研究者，年限为1820—1962年），制作网络图，来表现这些节点事件之间的相互影响关系。接着找出这40个节点事件对应的63篇节点论文（其中有的事件对应多篇论文），通过对节点论文参考文献进行引用分析，重新判定节点事件之间的相关性。强相关包括：一篇节点论文引用另一篇节点论文、一篇节点论文引用另一篇节点论文作者的其他相关论文、节点论文作者的非节点论文反过来引用了其他节点文章。弱相关情形包括：对另一位节点作者的相关工作致谢但并未明确引用，或非节点作者的论文引用了节点论文。

最后，比较阿西莫夫的叙述和引用分析，加菲尔德得出如下结论：两种方法对节点事件相关度的判断重合率达65%；阿西莫夫认为重要的节点事件，引用分析的数据也支持同样的结论；引用分析能够比阿西莫夫的叙述更详细地揭示一些节点事件存在的相关关系。

1967年，加菲尔德和同事又做过一次尝试，他们利用当年的SCI数据，统计1967年一篇遗传学综述文章的30余篇参考论文的200余篇引用文献的被引次数，剔除所有引用次数少于

5 次的论文，最后筛选出 28 篇论文。加菲尔德对这个结果沾沾自喜，说："我们中没人是历史学家，也没人通晓遗传学。但这种方法目前为止非常奏效，它能准确揭示 20 世纪 60 年代以来遗传学取得的主要进展。"

加菲尔德亲自展示利用引用分析进行科学史研究的案例，一方面可以看作是他参与科学计量学新兴学科建设的一种努力；另一方面，他或许也希望通过这样的方式，进一步提升 SCI 的学术形象。

但是从科学史研究方法来看，加菲尔德的上述两篇论文的学理价值相当有限。1964 年的论文由于没有采用独立信息源，明显落入循环论证之中，它只是量化了阿西莫夫已有的结论而已，并未产生任何新的结论。而 1967 年的论文所反映的，仍然只是利用科学引用索引数据筛选科学文献的功能，对科学史工作者而言，这通常只是研究的初阶。加菲尔德的工作显然尚未真正触及科学史研究的核心和精要。

所以结果是令加菲尔德非常扫兴的：上述两篇文章并未对科学史界产生他所期待的"垂范"效应，此后也很少看到类似研究成果出现。他在科学史界的几位大神朋友，对他的这两篇论文基本都保持了沉默。

聊聊影响因子之父的私生活，不过仍与学术有关

*

影响因子之父尤金·加菲尔德已于 2017 年 2 月 26 日去世，他西行百日之际我写了《反抗“影响因子暴政”的时刻来临了吗？——加菲尔德百日祭》一文。我虽然认为在他身后留下了“被影响因子游戏极度恶化了的全球学术生态”，却也对他在事业上的勤奋和成功印象深刻，相当欣赏。前文中，我评述了加菲尔德不大为人所知的一些学术交往和他对科学史情有独钟的追求，本文索性进一步聊聊他私生活的某些方面。

大神狼狈的早恋早婚

尤金·加菲尔德 1925 年出生在美国纽约布朗克斯区一个单亲家庭中，母亲孕期即不幸遭到遗弃，加菲尔德长至 5 岁，母亲带着他与另一个男人组成新的家庭。这种复杂的单亲童年，似乎注定了要在他的下一代身上重演。

在布朗克斯区公立学校接受了小学、初中和高中教育后，加菲尔德于 1945 年进入哥伦比亚大学，攻读化学专业。读大学期间他和一位物理系女生坠入情网，该女生大他 7 岁，而且此前已经结过两次婚，还育有一子，但这些都未能动摇加菲尔德娶她的决心，两人在校结婚，并于 1947 年生育一子。然而，这段不成熟的婚姻仅仅维持了两年即告结束，原因竟是女方决定与前任男友重修旧好，加菲尔德遂遭遗弃。他无可奈何只得同意离婚，生子归他抚养。一些文献中说加菲尔德“努力争取到了生子的抚养权”，但从那个物理系女生结婚离婚易如反掌的行事风格来推测，这个抚养权估计也用不着“努力争取”吧。

这年加菲尔德才 22 岁，大学才上了两年，他居然已经成了一位单身离异的父亲！而且已经有一个孩子需要他抚养！用我们今天的眼光来看，大家一定会不约而同地感叹：这也未免太早了吧！

此时的加菲尔德，无疑要经历一段比较艰难的生活。但大神毕竟是大神，良好的潜质在此时显现了出来，加菲尔德痛定思痛，临危不乱，让自己的人生很快重回了正轨。

大神"空手套白狼"之大事年表

1949年，加菲尔德从哥伦比亚大学毕业。

1954年，加菲尔德获哥伦比亚大学图书情报学硕士学位。

1956年，在职攻读博士的加菲尔德注册成立一家名为DocuMation的小公司，推出了第一款信息产品——目录快讯（*Current Contents*，简称CC），贝尔实验室成为他第一家企业用户。为了完成与贝尔签订的500份订单，他从私人银行贷款500美元作为印刷经费。

1960年，加菲尔德将公司正式定名为"科学情报研究所"——此前曾用过"尤金·加菲尔德学会"（Eugene Garfield Institute）的名称。这年他与美国国家健康学会合作，获得国家科学基金（NSF）30万美元资助，承担建设遗传学文献引用索引数据库（Genetics Citation Index）项目。

1961年，加菲尔德获得了宾夕法尼亚大学结构语言学博士学位。

1963年，遗传学文献引用索引数据库顺利结项，加菲尔德的后继资助申请被拒，他决定自己独立出版，并将数据库统一命名为科学引用索引，即 SCI。

1964 年，加菲尔德首次出版 1961 年 SCI 报告，此后逐年出版，延续至今。

1973 年，他推出社会科学引用索引报告（Social Science Citation Index，SSCI）。

1975 年，加菲尔德发布期刊影响因子的期刊引证报告，即 JCR，首次以 SCI 附卷形式出版。影响因子是 SCI 的衍生产品，如今成为评判期刊影响力的权威指标。

1978 年，他又推出艺术人文引用索引报告（Arts & Humanities Citation Index，A&HCI）。

1979 年，JCR 报告开始独立出版，此后逐年发布至今。

上面是大神创业的大事年表。作为“影响因子之父”，还有一个小年表也值得注意。

1955 年，加菲尔德将一篇文章的被引用次数作为“影响因子”。

1963 年，加菲尔德将“影响因子”重新定义为“期刊文章的平均被引用次数”。

1972 年，加菲尔德在文章中重申，“影响因子”公式分母包括期刊前两年发表的全部文章篇数。

1975 年，在作为 SCI 附卷发布的首份 JCR 报告中，“影响因子”公式分母被调整为只包括三种学术文本：原创研究论文（original research articles）、综述文章（review articles）和技术报告（technical notes）。

1995 年，在该年度的 JCR 报告中，“影响因子”分母再次调整——只包括“原创研究论文”和“综述文章”两项，这一定义延用至今。

大神惊人的勤奋写作能力

与一般商人和企业家不同，加菲尔德对自己打造的各类商业信息产品进行学术推广和相关写作，一生勤奋高产。

从 20 世纪 50 年代至 2012 年，加菲尔德在各类期刊上发表相关文章 400 余篇，其中不少发表在《自然》《科学》《美国医学会杂志》这类知名高端期刊上。

更为惊人的是，他自 1962 年起在 ISI 的看家产品 CC 上撰写专栏文章，头几年还只是不定期发表，从 1969 年开始改为每周发表一篇，此后再未间断，一直持续到 1993 年，总计发表文章 1122 篇。

1986 年，加菲尔德还创办了《科学家》杂志，至 2002 年歇笔，他在该刊共发表评论文章 141 篇。

自1977年起，美国ISI出版社将加菲尔德CC上的专栏文章结集出版，煌煌15卷之多，取名《情报学家作品集》（*Essays of an Information Scientist*）。各分卷文章数量如下：第一卷（1962—1973）：204篇；第二卷（1974—1976）：156篇；第三卷（1977—1978）：104篇；第四卷（1979—1980）：104篇；第五卷（1981—1982）：34篇；余下第六卷（1983）至第十五卷（1992—1993），各卷皆为52篇。

加菲尔德这个持续长达31年的个人专栏，发挥了类似今天一些大公司“官网”或“官博”的功能，主要着力打造ISI公司“服务学术”的品牌形象，推广SCI和影响因子。此外加菲尔德也涉猎他个人感兴趣的话题，如科学评论、科学奖励、科学评审、科学不端、科学写作、科学政策、诺贝尔奖、科学中的女性等等。

加菲尔德的15卷《情报学家作品集》还有一个引人注目之处：他每卷邀请一位学界名流作序，阵容极度豪华，主要由科学家和科学史学者组成，除三位诺贝尔奖获得者，还有“人工避孕药之父”杰拉西（C. Djerassi）这样的科学界重量级人物，以及普赖斯、默顿、霍尔顿等科学史界名流。这一方面凸显了加菲尔德交友广泛，另一方面他也希望通过这种方式向读者表明，ISI的信息产品得到了科学界和学术圈子很大程度的认同。

第五章

神奇的古代世界

博物学的“中兴”前景

*

不消几年，被冷落已久的博物学居然重新进入中国大众的视野，出版了不少博物学方面的书籍，而且越来越多的学者也次第加入进来。于是有博物学“中兴”之说出现，认为博物学作为一门被世人冷落已久的学问，有可能重获生机。

西方的“自然史”和中国的“博物”

今天中文里的“博物学”一词，学者们认为对应的英语词汇是“natural history”，考其本义，在中国传统文化中并无现成对应词汇。在中国传统文化中原有“博物”一词，与“自然史”当然并不精确相同，甚至还有着相当大的区别，但是在

“搜集自然界的物品”这种最原始的意义上，两者确实也大有相通之处，故以“博物学”对译“natural history”一词，大体仍属可取，而且已被广泛接受。

已故科学史前辈刘祖慰教授尝言：古代中国人处理知识，如开中药铺，有数十上百小抽屉，将百药分门别类放入其中，即心安矣。刘教授言此，其辞若有憾焉——认为中国人不致力于寻求世界“所以然之理”，故不如西方之分析传统优越。然而古代中国人这种处理知识的风格，正与西方的博物学相通。

与此相对，西方的分析传统致力于探求各种现象和物体之间的相互关系，试图以此解释宇宙运行的原因。自古希腊开始，西方哲人即孜孜不倦建构各种几何模型，欲用以说明宇宙如何运行，其中最典型的代表，即为托勒密的宇宙体系。

比较两者，差别即在于：古代中国人主要关心外部世界“如何”运行，而以希腊为源头的西方知识传统（西方并非没有别的知识传统，只是未能光大而已）更关心世界“为何”如此运行。在线性发展无限进步的科学主义观念体系中，我们习惯于认为“为何”是在解决了“如何”之后的更高境界，故西方的分析传统比中国的传统更高明。

然而考之古代实际情形，如此简单的优劣结论未必能够成立。例如以天文学言之，古代东西方世界天文学的终极问题是共同的：给定任意地点和时刻，计算出太阳、月亮和五大行星（七政）的位置。古代中国人虽不致力于建立几何模型去解释七政“为何”如此运行，但他们用抽象的周期叠加（古代巴比伦也使用类似方法），同样能在足够高的精度上计算并预报任意给定地点和时刻的七政位置。而通过持续观察天象变化以统计、收集各种天象周期，同样可被视为富有博物学色彩的活动。

还有一点需要注意：虽然我们已经接受了用“博物学”来对译“natural history”，但中国的博物传统确实和西方的博物学有一个重大差别，即中国的博物传统是可以容纳怪力乱神的，而西方的博物学基本上没有怪力乱神的位置。

古代中国人的博物传统不限于“多识于鸟兽草木之名”。体现此种传统的典型著作，首推晋代张华《博物志》一书。书名“博物”，其义尽显。此书从内容到分类，无不充分体现它作为中国博物传统的代表资格。《博物志》中的内容，大致可分为五类：一、山川地理知识；二、奇禽异兽描述；三、古代神话材料；四、历史人物传说；五、神仙方伎故事。前两类与西方的博物学较为接近，但每一类都会带怪力乱神色彩。

“所有的科学不是物理学就是集邮”

在许多人心目中，画画花草图案，做做昆虫标本，拍拍植物照片，这类博物学活动和精密的数理科学，比如天文学、物理学等相比，那是无法同日而语的。博物学显得那么初级、简单，甚至幼稚。这种观念，实际上是将“数理程度”作为唯一的标尺，用来衡量一切知识。但凡能够使用数学工具来描述的，或能够进行物理实验的，那就是“硬”科学。使用的数学工具越高深越复杂，似乎就越“硬”；物理实验设备越庞大，花费的金钱越多，似乎就越“高端”、越“先进”……

这样的观念当然带着浓厚的“物理学沙文主义”色彩，在很多情况下是不正确的。而实际上，即使我们暂且同意上述“物理学沙文主义”的观念，博物学的“科学地位”也仍然可以保住。作为一个学天体物理专业出身，因而经常徜徉在“物理学沙文主义”幻影之下的人，我很乐意指出这样一个事实：现代天文学家的研究工作中，仍然有绘制星图，编制星表，搜寻地外行星，以及为此进行的巡天观测等活动，这些活动和博物学家“寻花问柳”，绘制植物或昆虫图谱，本质上是完全一致的。

这里我们不妨重温物理学家卢瑟福的金句：“所有的科学不是物理学就是集邮。”卢瑟福的这个金句堪称“物理学沙文主义”的极致，连天文学也没被他放在眼里。不过，按照中国传统的“博物”理念，集邮毫无疑问应该是博物学的一部分——尽管古代并没有邮票。卢瑟福的金句也可以从另一个角度来解读：既然在卢瑟福眼里天文学和博物学都只是“集邮”，那岂不就可以将博物学和天文学相提并论了？

如果我们摆脱了科学主义的语境，则西方模式的优越性将进一步被消解。例如，按照霍金在《大设计》中的意见，他所认同的是一种“依赖模型的实在论”，即“不存在与图像或理论无关的实在性概念”。在这样的认识中，我们以前所坚信的外部世界的客观性已经不复存在。既然几何模型只不过是对外部世界图像的人为建构，则古代中国人干脆放弃这种建构，直奔应用（毕竟在实际应用中我们只需要知道七政“如何”运行），又有何不可？

今日中国的博物学前景

博物学在今日中国之复兴，北京大学刘华杰教授提倡之功殊不可没。自刘教授大力提倡之后，各界人士纷纷跟进，这当然是和博物学本身特点密切相关的。

无论在西方还是在中国，无论在过去还是在当下，为何博物学在它繁荣时尚的阶段，就会应者云集？深究起来，恐怕和博物学本身的特点有关。博物学没有复杂的理论结构，它的专业训练也相对容易，至少没有天文学、物理学那样的“数理门槛”，所以和一些数理学科相比，博物学可以有更多的自学成才者。

在中国国内目前已经相当热的博物学时尚潮流中，绝大部分已经出版的书籍，不是介绍西方的博物学成就，就是文学性的咏物抒情，能够直接对博物学做出贡献之作则相当罕见。刘华杰教授有《檀岛花事——夏威夷植物日记》三卷或可以当之，这是刘教授在夏威夷群岛实地考察当地植物的成果，还至少在形式上将昔日“帝国科学”的逻辑（“帝国科学家”充满优越感地前往世界各地“考察”）反其道而用之了。

刘教授还大胆设想了一种博物学编史纲领下的新科学史，在这种编史纲领指导下撰写的科学史，将与以往习见的科学史大异其趣。在这样的新科学史中，牛顿也许只占很小的篇幅，而另外一些人物可能被大书特书，并且某些名不见经传的人物也可能获得相当可观的篇幅。当然，这样的新科学史还没有人写出来过，但我们对此有厚望焉！

唐宋时代的金融技术：汇兑、纸币、伪钞

*

古代中国有过许多技术性的创新，创造了许多世界第一，以往的宣传过分强调“四大发明”之类的项目，至少在客观效果上遮蔽了人们投向更为广阔的历史画卷的目光。例如，和科学技术史有关的论述通常不会提及中国人发明了世界上最早的纸币，哪怕仅从印版、纸张、防伪等细节来看，这一发明也极富技术含量。

从唐代飞钱到宋代交子

大唐盛世的黄金岁月终止于天宝十四年（公元755年）安史之乱，尽管辉煌不再，但此后的帝国仍顽强延续了一个半世

纪，也有过一段号称“中兴”的时期。在唐宪宗时代，帝国已经形成了依赖江淮财富供养长安朝廷的局面，长安城活跃的商业活动催生了金融创新。

《新唐书·志第四十四·食货四》记载：

> （宪宗）时，商贾至京师，委钱诸道进奏院及诸军诸使富家，以轻装趋四方，合券乃取之，号飞钱。

唐代的“飞钱”有官营和私营两种情形。

官营飞钱：各地方政府在长安设“进奏院”（实际上就是今天的驻京办事处），各地商人到京师做买卖，可以将钱交给“进奏院”，“进奏院”开具两联的收据（称为“文牒”或“公据”），一联交商人，另一联寄回本道。商人携收据轻装上路，不必身携现金巨款，至本道交验收据（“合券”），即可兑取现金货币。

私营飞钱：机制和功能与官营飞钱相似，只是不由官方驻京办事处发放，而是大商人在京师总店和各地分店之间发放。

据现有资料，使用飞钱的主要是从事茶、酒等官榷业务的商人，一般商人较少使用。

飞钱只是一种汇兑票据，并无流通功能，所以还不是真正意义上的纸币。真正意义上的纸币出现在北宋时期，即经济史或货币史上著名的“交子”。

交子最初是商人私自发行的“收据”性质的凭证，和唐代的私营飞钱有着直接的血缘关系。北宋景德年间，益州知州张咏整顿了交子业务，专由16家富商经营，得到政府的认可。真宗大中祥符末年，四川转运使薛田，已经奏请由官方来垄断交子的发行和管理。至宋仁宗天圣元年（公元1023年），朝廷设立“益州交子务”，成为官方的交子发行管理机构。这年发行的首期“官交子”成为世界上最早的纸币。

宋代纸币的一些技术细节

最初阶段的交子，纸上并无“交子”字样，两面有印记和密码花押，红黑两色印刷。此时交子的另一个突出特点，是它上面的金额可临时填写。这也明显提示了它和唐代飞钱的血缘关系，因为飞钱作为一种汇兑票据，金额当然要根据商人交给进奏院的钱款数额来临时填写。

公元1023年发行的官交子，作为纸币，规定以770文为1贯，最初有1~10贯的币值，后来改为5贯、10贯两种。当时还规定交子总量中的80%为10贯面值，20%为5贯面值。

交子最初行用于四川地区，后演变为“钱引”，行用地区也大幅扩大。“钱引”印刷更为精美，已经被认为具有艺术史上的价值。

交子每三年发行一界（期），以旧换新，旧的作废。以旧换新时每贯（面值）需缴纳“纸墨费”（类似现今的工本费）30文。

北宋的交子主要行用于四川地区，南宋领土大为缩小，但纸币的行用地区却明显扩大了。此时朝廷的“交子务”就设在临安，纸币已经发展为“会子”。绍兴三十年（公元1160年）官方开始发行会子，最初行用于两浙，后扩大到两淮、湖广、京西各路。会子成为法定纸币，有1贯、200文、300文、500文四种面值，与现代纸币更为相似。

公元1023年的首界（期）“官交子”发行1256340贯，以铁铸钱币360000贯为“钞本”。用今天的概念来描述，“钞本”就是准备金，360000÷1256340=0.2865，就是准备金率为28.65%。这样的准备金率，与现今世界各国的情况相比，属于非常高的。

令人惊奇的是，在将近1000年前的公元1023年，中国的财政官员竟然已经有了和现代完全相同的“银行准备金”观念，并且能够在发行纸币时付诸实施。

作为一个让人印象深刻的对比，这里不妨看看英国的情形：在牛顿出任英国皇家造币厂督办的1696年，英国这个老牌资本主义国家还根本没有纸币呢！

美国的情形更为原始落后。在美国建国之前，欧洲人在北美建立了13个殖民地，每个殖民地都搞一套自己的货币系统，既不遵用宗主国英国的货币制度，相互之间也无法按照币值实现兑换。更惊人的是，看看他们在用什么货币吧：1637—1661年，马萨诸塞州的法定货币是印第安人的“原始货币”——贝壳串珠！按照《货币史：从公元800年起》（*A History of Money: From AD 800*）作者的看法，直到美国建国之后的一段时间里，“这个新兴国家仍然没有真正属于自己的货币”。

朱熹记载的伪钞制造案

当17世纪北美殖民地还在用贝壳串珠当货币、大英帝国还在老实巴交用真金白银造货币的时候，东方帝国的财政官员早在他们之前600多年就领悟到了下面的道理：

> 如果国王的权威能够让含银量为8便士的硬币交换10便士的白银，那为什么就不可以将硬币的含银量降到6便士或2便士，甚至一点白银也不要，干脆用一张纸来代替呢？（《货币史》第二十二章）

换句话说，一张得到帝国公权力背书的、得到国家信用担保的纸，就可以等同于真金白银。这正是今天世界各国发行纸币的真实情形。

既然一张得到帝国公权力背书的纸可以等同真金白银，伪造这张纸的犯罪动机就会不可避免地在不法之徒心中萌动起来。这点道理，东方帝国那些洞明世事的财政官员自然在发行纸币的当时就想到了。

朝廷“益州交子务”发行的官交子，已经用铜版印刷，三色套印，从传世的交子图案来看，相当精美。同时，朝廷还设立了很可能是相应的特殊纸张制作机构“抄纸院”，这当然有助于防止伪造交子。

日本人奥平昌洪在《东亚钱志》中描绘了一块可能是宋代会子的印版，黄铜制作，宽 3 寸[①]，长 5.3 寸，上方印有 10 个钱币图案，图案下面有“除四川外，许以诸路州县公私从便主管并同见钱七百七十陌流转行使”字样，下半部分印有粮仓及运粮人图案，及“千斯仓”字样。奥平昌洪相信这是一块用来印制会子的印版。这和现代的纸币印版已经高度相似了。

在哲学、经学、儒学等领域中，朱熹通常被视为最重要的历史人物之一。然而在他的文集中，居然也能发现足以让货币

① 1 寸约合 3.33 厘米。——编者注

史专家欣喜莫名的、非常八卦的记载。

朱熹文集中，载有六封弹劾台州太守唐仲友的奏折，这些奏折的年份是南宋孝宗淳熙十年（公元 1183 年）。唐仲友其人在史籍记载中颇有分歧，但这不是我们在这里需要关注的，这里需要关注的是，这些奏折中描述了当时一起伪造会子的案件，细节极为丰富。有两封奏折中还包括了主犯之一口供的详细笔录。案件梗概如下。

一个叫蒋辉（蒋念七）的伪造惯犯，数年前因伪造会子获罪，刺配台州，结果在台州贪腐官员唐仲友的威逼下，以有罪之身再次参与伪造会子。他们用梨木雕版，还伪刻政府印鉴，印刷时用红、蓝、黑三色。那时印制会子已经采用了特殊纸张，犯罪集团居然也有办法搞到。这个伪钞制造团伙在台州前后印制了伪造的会子“二千六百余道”。不过最后蒋辉再次落入法网。

越王勾践剑之谜

*

天下第一剑

越王勾践剑，国家一级文物，1965 年出土于湖北省江陵望山一号楚墓。整剑通高 55.7 厘米，剑身近格处有“越王勾践自作用剑”八字铭文。与越王有关的古剑，迄今所知传世至少有九柄，但以越王勾践剑名声最大，它号称“天下第一剑”。

越王勾践剑现为湖北省博物馆镇馆之宝。记得十多年前，我曾在该博物馆享受了一次罕见的“专家待遇”——被允许戴着白手套，亲手把玩这柄“天下第一剑”实物！虽然经历了约 2500 年的漫长岁月，宝剑竟完好无损，毫无锈斑，堪称奇迹。更惊人的是，博物馆工作人员告诉我，此剑至今仍极锋利，女孩子的长发轻轻一碰就断。

至于明明是“越王勾践自作用剑”，却在一座楚国墓葬中出土的疑问，则有“嫁妆说”和“战利品说”两种解释，都能在一定程度上言之成理。“嫁妆说”谓：勾践曾将女儿嫁给楚昭王为姬，此剑可能是她的嫁妆。“战利品说”谓：公元前306年楚国大败越军，越王无彊战死，此剑可能成为楚军战利品，所以出现在楚墓中。不过这两种说法都属猜测，现在都无法确证。

东周时代，人们对越国宝剑的珍视是异乎寻常的，《庄子·刻意》中说：“夫有干越之剑者，柙而藏之，不敢用也，宝之至也。”所谓“不敢用”，应该是指“舍不得用”。以越王勾践剑为例，这种级别的宝剑，以常情常理推论，在绝大部分情况下，不会用于战场厮杀。记得当年我把玩越王勾践剑时，就注意到两侧剑刃完好无损，没有任何细小的缺口；而作为对比，我当时把玩的另一件著名馆藏东周兵器，刃口上就有明显的、分布不规则的小缺口，应该是实战中兵器交击时造成的。

其实这些都不算什么。在冶金史专家眼中，越王勾践剑身上还有更多的谜。

铸造之谜：现代科学技术无法复制

先说小的。越王勾践剑剑柄的底端（这被称为“剑首”）为圆形，有 11 圈细薄均匀的同心圆突起，其间底部则是凸起的细绳纹。按照冶金史专家的权威意见，这样的纹饰即使是“现代车削技术亦无法制成”。如果推测为铸造而成，则“即使在当代也必须通过加压、真空、负压等特殊浇铸手段方可成型”。可是我们难道能够想象，2500 年前的越国工匠就已经掌握了这些现代工业技术中的特殊手段吗？

更大的谜当然就是越王勾践剑剑身上的菱形纹饰。这种纹饰在东周时代的青铜兵器上经常出现，越王勾践剑只是它们的代表而已。这种菱形纹饰既有装饰作用，又有防腐蚀功能。但是对这种菱形纹饰的成分、结构、形成工艺等的研究，长期没有定论。

国内曾经有不止一个科研团队，试图使用古代工艺复制越王勾践剑剑身的菱形纹饰，但是都没有获得成功。哪怕放弃“使用古代工艺”这个约束，用上各种现代工艺技术，也做不出和越王勾践剑剑身菱形纹饰一模一样的效果。这就形成了一个大谜：难道 2500 年前的越国工匠，掌握着某种当代科学家和工程师都尚未掌握的铸剑工艺？

从历史和文化的角度来考虑，这种可能性确实存在。

在我们现代人看来，铸剑也就是个工艺活，所有的问题都是技术问题。但在古代，铸剑却是一件非常神秘的事情，而越国的宝剑更是充满传奇。《越绝书·越绝外传记宝剑第十三》里面就有一组关于铸剑的神秘故事，例如越王向“能相剑者”薛烛展示自己拥有的“纯钧”剑时，薛烛叙述的此剑诞生时的故事：

> 当造此剑之时，赤堇之山破而出锡，若耶之溪涸而出铜，雨师扫洒，雷公击橐，蛟龙捧炉，天帝装炭，太一下观，天精下之。欧冶乃因天之精神，悉其伎巧，造为大刑三、小刑二：一曰湛卢，二曰纯钧，三曰胜邪，四曰鱼肠，五曰巨阙。

如果用现代的“科学眼光”来看待上面的故事，当然会视之为无稽之谈。但这类故事至少能够说明，在古人心目中，宝剑的铸造可以是一件惊天动地的大事，可以有一个神秘惊险的过程。类似这样的记载在古籍中还能找到不少。在这些神秘传说的背后，有没有可能存在着某些我们现代科学技术还无法解释的工艺或技术呢？这样的猜测，至少可以从越王勾践剑得到有力的支持，这柄神秘的宝剑，用人们所能想到的各种现代工艺技术，迄今为止仍无法复制出来。

对菱形纹饰制作工艺的推测

如此珍贵的宝剑，跨越2500年的时空来到了今天，又带着满身的谜案，当然会引起历史学家和冶金史专家的极大兴趣。但是，对于这样的国家一级文物，有损检测是绝不允许的，而无损检测能够获得的信息又是远远不够的。所以，要解开越王勾践剑的铸造工艺之谜，学者们只能依据有限的信息进行猜测。

1987年，马肇曾和韩汝玢发表的研究结论，是在对越王勾践剑进行无损检测获得的信息基础上得出的推测性结论："此剑剑身上的黑色花纹应是在制作时特意加工的。加工方法可能是将铸好并具有内凹菱形花纹的剑全部进行硫化处理，然后将剑刃、剑身抛光，使其显露青铜本色，而保留其内凹菱形花纹所着黑色，剑格、剑柄未经抛光，亦为黑色。"不过这个推测很快被更具说服力的研究结果取代。

由于认识到只对菱形纹饰做无损检测是远远不够的，谭德睿教授领导的研究团队找到了从侧面突破无损检测局限的办法，他们获准对上海博物馆所藏东周时期青铜菱形纹饰剑的一节残段（馆藏编号3175，残长4.7厘米，宽3.3厘米）进行有损检测，由此打开了全新的局面。谭德睿团队的研究成果发表于2000年。

在谭德睿团队的研究报告中，将剑身称为“基体”，再将剑表面区分为“纹饰区”和“非纹饰区”。他们的检测和化验表明：纹饰区和基体是一次共同铸成的。那段残剑基体成分的重量百分比是：铜 79.46%、锡 19.02%、铅 0.76%，当然还有不到 1% 的其他金属成分。这样的比例在当时的青铜剑中属于常见情形，因此有理由认为越王勾践剑的基体成分也是类似的。

不过先前认为越王勾践剑铸造时剑体上就有“内凹菱形花纹”的推测被否定了。因为谭德睿团队研究的结果认为“非纹饰区”是某种奇妙的表面合金化技术形成。

用现代冶金铸造技术的眼光来看，一共有六种工艺有资格成为越王勾践剑表面非纹饰区合金化技术的候选：铸造成型法、表面激冷法、表层合金化、擦渗工艺、热浸渗工艺、金属膏剂涂层工艺。谭德睿团队对这六种工艺都进行了实验，最终确定只有金属膏剂涂层工艺能够产生和东周青铜剑表面纹饰相同的效果。

该工艺的概要是：将比剑身基体含锡量更高的合金粉末制成膏剂，均匀涂在剑身基体上，然后细心刻出纹饰（将纹饰区的膏剂刮除），再入炉加热一段时间后取出，磨去表面氧化层，即可获得菱形纹饰，纹饰区呈与基体同样的黄色，而非纹饰区则呈白亮之色。

但此时整个剑身纹饰的颜色还不是我们现今在越王勾践剑上所看到的。此后进行的腐蚀实验表明：越王勾践剑菱形纹饰原来应该是黄白相间之色，但因埋藏于含有腐殖酸水溶液的土壤中，在腐殖酸作用下，剑身表面才变成我们今天在越王勾践剑上看到的色泽。

不过，这个推测的工艺方案中，仍有一些环节是不确定的。到现在为止，并没有人能够复制出一柄和 2500 年前一模一样的越王勾践剑来。

山西陶寺遗址有中国的“巨石阵”吗?

*

索尔兹伯里的巨石阵之谜

所谓“巨石阵”（Stonehenge），已是一个约定俗成的术语，指那些被认为可能有天文学意义的、通常是环形的史前建筑遗迹。这些遗迹中最著名的，当数英格兰西南部索尔兹伯里旷野中的史前巨石阵。该遗址被认为是在一段很长的历史时期中陆续建造起来的，大约在公元前 3100~ 前 1500 年，距今已超过 3500 年。

巨石阵首先以巨大的石料引人遐想：这些石料是如何运输到当地的？它们的起重、安放等问题如何解决？以索尔兹伯里现存巨石阵为例，巨石阵共使用石料超过 1500 吨，其中有的巨石一块就超过 50 吨。在数千年前的古代，人们如何运输和安放它们？此外，有人估计，建造这个巨石阵需要3000万个工时，如此劳力，那个时代能够提供吗？

当然，巨石阵更吸引人们注意力的谜题，是它们的用途和可能具有的天文学意义。这类同心环形建筑、外圈的环形土墙、几乎等距离的界石等等，都很容易让人猜测它们和天象观测或历法有关。而某些特殊天象与巨石阵之间的关联也是“显而易见的”——或者说是很容易建构出来的，比如在夏至那一天日出时，太阳正好在巨石阵的主轴线上升起，出现在那块被称为“标石”的巨石上方。

关于索尔兹伯里的巨石阵，权威天文学家霍金斯（M. Hoskin）在《剑桥插图天文学史》（*The Cambridge Illustrated History of Astronomy*）中的意见是：“有足够的理由认为，巨石阵和与此有关的遗迹的结构中包含着天文学象征，但是我们迄今尚无令人信服的证据能够表明，这里曾有过科学意义上的天文学活动。”但是这样的权威意见并不能阻止那些迷恋古代神秘事物的热心人对此投入巨大的时间和精力。这些人可以年复一年、日复一日地在巨石阵遗址中进行不知疲倦的工作，他们“收集事实”，即进行各种各样的寻找、测量和观测。已故退休牛津工程学教授汤姆（A. Thom）就是这样的例子。

汤姆坚信，巨石阵是精心设计建造的，那些巨石的位置对应着远处的山峰，可以用来进行精确的天文学观测。他甚至猜测，几千年前的祭司，结合他们已经拥有的天文学知识，可以借助巨石阵来预测日月交食——这就是“科学意义上的天文学活动”了。汤姆已经去世 20 余年，但是他的工作很长时间仍让有关人士争论不休。

中国山西襄汾陶寺城址的 II FJT1 基址

类似索尔兹伯里的巨石阵遗址，在欧洲已经发现多处，但这样的遗址以前还从未在中国大地上出现过。对于这一点，人们通常都用“不同文化传统”之类的理由来解释。但是 2003 年的考古新发现一举终结了这种解释，因为在中国也发现了类似的遗址。

2003 年，何驽带领的中国社会科学院考古研究所山西队为主的考古工作者，在山西襄汾陶寺城址发掘了一处大型建筑基址，编号为 II FJT1。在该建筑基址上，首次发现了中国的“巨石阵”——只不过并没有巨石矗立地表，但地下夯土层的清理结果表明，在距今约 4000 年前，这里曾经矗立过一个和索尔兹伯里巨石阵非常相似的史前建筑（规模较小）。由于这些建筑的地表部分已经完全平毁，它们当年究竟是用石料还是用别的材料建筑的，目前尚不得而知。平毁的原因，据推测是陶寺文化晚期该地区发生的严重政治动乱。

II FJT1 基址有 13 个方形柱列，环状排列，略大于四分之一圆周，形成 12 个柱缝，缝宽在 15~20 厘米。考古工作者和天文学史研究者对这些方柱做了模拟复原，然后据此进行观测，结果，类似索尔兹伯里旷野上的场景竟在中华大地上重现，例如，冬至这天日出时太阳刚好从第 2 号柱缝中升起，夏至太阳在第 12 号柱缝升起，而春分、秋分这两天，太阳则从第 7 号柱缝升起。

先前所有类似索尔兹伯里巨石阵的遗址，都有一个共同问题——在遗址中通常找不到被明确标识的观测点。对确认此类遗址的天文学意义来说，这是一个非常严重的缺陷。因为观测点的选择直接影响到观测的结果，而没有明确标识的观测点，就无法确切知道当年巨石阵的使用者（比如祭司或星占学家之类的人物）究竟是站在哪里进行观测的。这就使得那些在巨石阵遗址中探寻天文学意义的人，不得不假设各种各样不同的观测点，而每一个假设的观测点都会对应一整套观测结果。这就好比一个方程有一组解，已知条件中却又没有给出对这些解进行取舍的依据。

然而，非常出人意表的是在 II FJT1 基址中，竟发现了一个有明确标识的观测点！

而且这个观测点的发现过程还非常富有戏剧性，事实上，正是这种戏剧性增强了这个观测点的科学性和可信程度。

起初是天文学史研究者武家璧博士，在 II FJT1 基址上做了一系列带有模拟性质的天文观测，根据这些观测，他推测方形柱列所构成的圆弧的圆心附近，应该有一个观测点，并且根据观测数据计算了该点的位置。由于当时该点所在的地面上没有任何特殊痕迹，所以他就在该点向下打了一根细桩作为标识，随后发掘工作继续进行。

戏剧性的时刻发生在向下发掘的过程中，2004 年 10 月 29 日，考古工作者意外发现了一个三层台阶的小型夯土圆坛，圆坛下层直径约 145 厘米。奇妙的是，这个圆坛的中心，居然和先前打下作为标识的那根细桩相距仅 4 厘米！这有力地表明：一、武家璧博士先前的推测完全正确；二、如果推测这个圆坛就是当年天象观测者进行观测的位置，至少可以说“虽不中亦不远矣”。

II FJT1 基址的深远意义

2005 年，笔者曾应邀和一些专家在当地考古学家的陪同下考察了 II FJT1 基址。当时笔者表示：发现了明确标识的观测点，陶寺城址的 II FJT1 基址就有了独特的优越性，就具有了超越欧洲诸巨石阵遗址的科学价值，因为现在可以立足于这个观测点进一步进行一系列的天文学观测，而不会再被别的假想观测点困扰或诱惑了。

进一步的天文学观测，还将因陶寺城址的历史背景而呈现更为重要的意义。陶寺城址和史籍中“尧都平阳”的记载正相吻合，城址巨大的面积和格局也提示人们，也许这里真的就是帝尧当年的都城。而且在《史记·五帝本纪》《尚书·尧典》等史籍中，都记载着帝尧和天文学的特殊关系。将这些和 II FJT1 基址中的“巨石阵”联系起来，那将展现一幅令人心驰神往的历史画卷。

当时笔者还曾建议，应将柱列地表部分按照夯土位置重建起来，以便在此基础上进行更为直接的天文观测。看来这个建议后来真被采纳了，现在那些方柱已经矗立在地表，甚至还成了当地的旅游景点。

现在看来，利用 II FJT1 基址进行的天文观测，不仅应该以周年为期持续进行，而且可以将观测的天象从太阳扩展到月亮、五大行星和明亮恒星。这样的观测很可能会发现更多的与柱列对应的特殊天象，也将更全面、更深入地揭示 II FJT1 基址的天文学意义。

更重要的是，考虑到 II FJT1 基址与索尔兹伯里巨石阵的年代几乎相同，在距今如此遥远的年代，在相隔如此遥远的地方，竟有如此异曲同工的史前建筑，则中国之石，又何尝不可以攻他山之玉？ II FJT1 基址确实有可能对揭示世界上别处巨石阵遗址的天文学意义做出独特的贡献。

人工智能的模糊边界和自动装置的古代渊源

*

522 继电器和限位行程开关

20 世纪 70 年代初，我初中毕业进了上海一家著名纺织厂当电工。在纺织厂这样的“女儿国”中，电工近于“无冕之王”。当时谚曰：紧车工，慢钳工，吊儿郎当小电工。我们电工吊儿郎当踱进车间时，通常感觉颇为良好。为什么我们可以吊儿郎当？因为我们有技术，所以就有资格吊儿郎当。

那时，如果一条生产线需要某种程度的自动化，我们电工可以用电线连接若干个 522 继电器和限位行程开关（虽已过了半个世纪，这两种设备目前仍在广泛销售），组成一个自动控制网络，让生产线达到自动化——这就是技术。这种自动化功能，如今肯定只要一片很初级的小芯片就可以完成了（可能仍会需要若干限位行程开关作为伺服机构的一部分），而且肯定会被称为“人工智能”，至多加上“初级”二字稍作限定。

但是，如果用芯片完成自动化是人工智能，那么我们当年用522继电器和限位行程开关完成的自动化，有什么理由不被认为也是人工智能？

进而言之，初级人工智能和自动化之间的界限在哪里？事实上，在许多情况下，“人工智能+伺服机构”运行后的外在表现，就是自动装置。

那么，已有700—2000年历史的钟表，是不是一种自动装置？如果我们认可钟表是一种自动装置，那是不是意味着钟表就是“人工智能+伺服机构”？

估计有人已经打算拍案而起或嗤之以鼻了：你这不是胡说吗？

还真不是，请注意本文的大标题。我在这里讲的故事从来都是非虚构的，每个细节不是有事实依据（比如522继电器），就是有文本依据（比如下文）。

被新教扼杀的中世纪自动机械热潮?

人工智能和机器人都是极富现代感的话题，要追溯它们的古代渊源，必须照顾到读者的心理承受能力，所以我打算由近及远来追溯。我们追溯的第一个时间段是中世纪晚期至文艺复兴时期，大致在公元13~15世纪。

那时，欧洲各地的天主教大教堂有一种非常时髦的风尚——将《圣经》中的著名故事用自动机械装置搬演出来。

比如英国英格兰肯特郡的博克斯利修道院有一具带有耶稣塑像机械装置的“神圣十字架”，吸引着大批朝圣者前往参观。这个机械耶稣塑像会弯腰或起身，会摆动双手，会点头，会用手指向参观者，甚至还能呈现不同的面部表情。

自动机械也被用来表现恶魔，它们会向访客冲过来，发出吼叫……目的就是让访客受到惊吓。这类装置将现代人想象中庄严肃穆的大教堂搞得有点像现代的游乐场。

还有一些自动机械装置更为复杂壮观。15世纪后期出现了演示“圣母升天”的宏大机械装置，比如图卢兹每年都要举行这样的表演：“圣母直入云霄，小天使环绕四周，最后消失在天堂。”

这一时期，自动报时的机械时钟在欧洲非常普遍。这些机械时钟往往在自动报时的形式上翻出很多花样，例如各种木偶人物出来敲钟打铃、天使吹响号角之类。直到今天，布拉格仍有一个这样的景点吸引游客，每到整点时游客会聚集在街角等着看木偶人出来报时并搬演故事，我也曾未能免俗地在现场看过，不过当时自然并未联想到人工智能。这类自动机械装置还被用来搬演人物更多的《圣经》故事，比如“受胎告知”“三王来拜”等。

大教堂里的自动机械风尚很快扩展到世俗的贵族生活中。里斯金（J. Riskin）在《永不停歇的时钟》（*The Restless Clock*）一书中收集的大量材料表明，“这种自动装置也出现在非宗教场所：市政厅、市钟楼，以及高贵典雅的庄园里。早期的现代工程师喜欢将政治人物和宗教人员机械化”。而贵族庄园里的自动机械装置，“往往是教堂钟表的迷你版，而且是由同一个设计师设计而成”。

不过，按照里斯金的看法，欧洲各地天主教堂这一段百花齐放、欣欣向荣的“早期人工智能”热潮，却在宗教改革运动中被新教残酷扼杀了。因为新教认为人类生活的物质世界和宗教精神世界之间，应该有“一套新的区别”，而教堂的自动机械则模糊了这两个世界之间的界限。于是随着宗教改革运动的兴起，拆毁教堂的自动机械装置又成为新浪潮。这一波“反人工智能”的宗教浪潮，活生生阻断了通向现代人工智能的道路约 300 年。

从《建筑十书》到《列子·汤问》

里斯金认为新教扼杀早期“人工智能”的看法能否成立，其实不无疑问。但这里我们要做的事情，是将自动机械装置的传统再上溯 1000~1500 年，到达公元前后几个世纪的世界。

格林尼治皇家天文台台长利平科特（K. Lippincott）和艾柯（U. Eco）合著的《时间的故事》（*The Story of Time*）一书中，描绘了这样的历史图景：“公元前 3 世纪起，地中海各地就已经将传动机械用于制造提供天文信息的时计。这些通常由水力驱动的天空模拟器，显示历法日期，表明星辰相对于地平圈的位置，指示月相，且提供昼夜相对时长的信息。然而随着罗马帝国的崩溃，拉丁西方丧失了大部分这类技术。”

按照这样的历史图景，罗马帝国时代的自动机械传统达到了怎样的水准呢？留下来的史料显然不会像公元 13~15 世纪欧洲天主教堂的自动机械装置那样丰富，但也已经可以让我们获得足够的推断依据。

例如，《时间的故事》中引用了古罗马维特鲁威（Vitruvius）《建筑十书》（*Ten Books on Architecture*）中的一幅插图，反映的是当时亚历山大里亚一具“齿轮水漏”（由水力驱动的钟表装置）。如果考虑到这幅插图出现在《建筑十书》公元 1567 年的威尼斯印刷本中，是后人所绘，尽管引用者认为它“成功地把握了维特鲁威的描述"，我们仍不敢轻信的话，那我们可以直接回到《建筑十书》的文本中寻找依据。

在通常认为成书于公元前 32—前 22 年的《建筑十书》中，第九卷记载了一些由水力驱动的自动钟表，有的水钟"把时刻刻划在圆柱或方柱上，人像从下面升起，在一日之间用小手杖指示这些时刻"。关于上面提到的亚历山大里亚的水钟，维特鲁威表示，它远非独一无二："有许多机械……显示出由于水压和压缩空气而起着模仿自然的作用。例如借由水的运动而做成的黑色水鸟、自动行走装置、饮水偶像或相同的自动偶像以及其他以娱乐为目的的东西。"看来罗马帝国时代的自动机械装置，和十几个世纪之后欧洲大教堂中的类似装置相比也并不逊色。

罗马帝国自动机械传统的发端是公元前 3 世纪，如果再稍稍上溯两百年，就到了墨翟的时代（公元前 478—前 392 年），那是中国的战国早期。相传墨翟"费时三年，以木制木鸢，飞升天空"，就是用木材制作了一具可以飞上天空的鸟形自动机械装置。

如果墨翟木鸢的故事，不仅能为《秦时明月》这样的动漫作品提供灵感，也能纳入科学史研究的视野，那么另一个更为迷人的传说又有什么理由不纳入呢?《列子·汤问》中记载：周穆王在远方遇见一个名叫偃师的人（在今天他就是设计制造机器人的工程师），偃师所造的机器人与真人无异，非但能歌善舞，甚至还和周穆王的妃嫔们眉来眼去调情。

考虑到《列子》的成书年代，很有可能还在《建筑十书》之后，《汤问》篇中的偃师造人故事，我们也许不宜信为周穆王时之事，但它有没有可能是和《建筑十书》同一时代的某些真实事件的传说呢？

2300 年前，有人看见木卫了吗？

*

伽利略并不是望远镜的发明者，他甚至也不是第一个将望远镜指向天空的人——在他之前至少荷兰和英国都已经有人这样做过。但是伽利略在 1610 年的《星际使者》（*Sidereus Nuncius*）一书中，记录了他用望远镜观测到的六大新天象，其中一项就是他发现木星有四颗卫星。这些新天象的发现使他生前名满天下，身后名垂青史，这都是如今大家耳熟能详的故事［尽管现代考证表明，迈尔（S. Mayer）比他早 10 天就用望远镜看见了木卫］。但是，伽利略用望远镜发现木卫之事名垂青史，也无形中遮蔽了一个问题：不用望远镜，仅凭肉眼能不能看见木卫？在正常思维中，既然我们已经用望远镜发现了木卫，上面的问题似乎就成为没有意义的无聊问题。

众人熟视无睹，学者披沙拣金

那些“热爱”科学而又自命聪明的人，当然不会去关注“没有意义的无聊问题”，只有真正的学者才可能摒除成见，从众人不屑一顾的问题中获得有意义、有趣味的学术成果。

战国末年到秦汉之际，也就是距今2300年左右，神州大地风云激荡，六国先后被灭，秦亦二世而亡，这样的动乱年代，当然星占学家活跃。当时有星占学家名甘德，又称甘公，文献中有鲁人、齐人、楚人等不同记载，唯一确切的行事记载见《史记·张耳陈馀列传》:“甘公”根据星占预测，建议张耳不要投靠项羽，而应投靠刘邦。人名、属地都有不止一种记载，提示在这一时期，可能先后活跃过不止一个姓甘的星占学家——很可能都是甘氏星占家族的。

相传甘氏留下了《甘氏星经》，东汉许慎《说文解字》中提到过此书，但现已佚失，后人可以从唐代《开元占经》中看到不少《甘氏星经》的引用段落（《开元占经》引用的各种古代星占文献中还有《石氏星经》，是战国星占学家石申的著作，故后人有时又将两人的星经合称为《甘石星经》），其中一段如下：

> 甘氏曰：单阏之岁，摄提格在卯，岁星在子，与虚、

危晨出夕入，其状甚大有光，若有小赤星附于其侧，是谓同盟。

这种星占文献，前人早就知道，但因被视为“糟粕”而长期无人注意。不料在 20 世纪 70 年代末，中国天文学史泰斗、笔者已故恩师席泽宗院士（那时还是副教授）注意到了这条星占文献，他立刻联想到了另一件事。

席院士的联想非常出人意表，他联想到的是德国地理学家洪堡（A. Humboldt）记载的一件逸事：洪堡认识一位名叫朔恩（Schon）的裁缝，此人年轻时，在无月的晴朗夜晚能够准确指出木星四颗卫星的位置。

席院士当时就想：如果有人能够用肉眼看见木卫，那么“若有小赤星附于其侧”是不是意味着甘氏已经看见了木卫？

甘氏究竟看见了什么？

联想和猜想当然不是学术论证。要想搞清楚甘氏究竟在什么时间看见了什么天象，是一项相当复杂的工作。

第一步是要搞清楚上面那段《甘氏星经》文献的含义。幸运的是，这段充满术语黑话的星占文献，居然包含了足够的天文学信息。

仅凭这段术语黑话本身，要确定事件的准确年代，本来还是有困难的，但好在数十年来已有中外学者的研究成果可以利用：因为木星的恒星周期（它在恒星背景上环绕天球一周的时间长度）是 11.86 年，近似等于 12 年，古人就利用这一点设计了以 12 年为周期的“岁星纪年”系统，所以木星又被称为岁星。而上面这段文字中使用的系统，是以公元前 365 年实测数据为起算点，再前后进行周期叠加推算而成的。

在获得“公元前 365 年”这个支点之后，再接着分析上面这段术语黑话，其中“单阏之岁”表明是在一个岁星纪年周期中的第二年，而岁星“与虚、危晨出夕入”，表明木星当时在恒星背景上的二十八宿中的虚宿和危宿区域，它和太阳在视方向有一个合适的张角（木星和太阳夹角小于 15° 就会被太阳光亮掩盖而无法观测到，当然更看不见木卫了）。

根据现代天文观测和天体力学的研究成果，我们的太阳系是一个大结构相当稳定，只有一些小天体（主要是彗星和流星）有时可能“乱窜”的系统。这使得我们能够回推或预推太阳系内几乎所有的周期天象，对于木星这样的大行星当然不成问题。席院士推算的结果显示：在很长的时间段里，只有公元前 364 年的木星天象，准确符合上面《甘氏星经》文献中的描述，很可能是在这年的夏天，甘氏看见了木星的两颗卫星，根据“小赤星”的颜色描述，他看见的应该是木卫二和木卫四。

三重证据：甘氏看见了木卫

到此为止，论证仍未完成。上面只是论证了：在公元前364年木星的位置与《甘氏星经》文献的记载吻合，这年夏天木星处在宜于观测的位置。但是“肉眼能不能看见木卫”这个问题，只有洪堡记载的一条裁缝逸事，这太不正式了，仍然不能视为科学证据。

为了解决这个问题，当时的中国学者群策群力，从三个途径，提供了三重证据，来证明“肉眼看见木卫”的可能性。

第一重证据是北京天文台（今中国国家天文台前身）提供的实验：在望远镜上加装光阑来模拟人眼的观测能力。所谓光阑，就是一种遮挡望远镜孔径的环形装置，因为望远镜孔径越大，能够接收到的光量就越多，可以接收许多倍于人眼瞳孔所能接收的光量，给望远镜加装适当的光阑，就是让望远镜接收到的光量与人眼瞳孔接收的光量相似。实验结果表明：在模拟人眼瞳孔接收光量的望远镜中，可以看见木卫。

第二重证据是北京天文馆提供的实验：在天文馆的天象

厅，用天象仪模拟了甘氏当年面对的星空，结果肉眼也能看见木卫。

第三重证据是最有说服力，也是决定性的——用真人的肉眼进行观测。1981 年 3 月 9 日 ~11 日，由中国科学院自然科学史研究所科研人员组织的十人观测队，在河北兴隆进行了肉眼观测木卫的实验。观测者被分为 4 组，各组在不同区域进行观测，十人中有一人使用望远镜（作用类似“对照组”），其余仅凭肉眼。实验结果，有两个晚上，观测者都看见了三颗木卫——因为都属于伽利略《星际使者》中所记录的，所以被称为“伽利略卫星”。这有力证明了肉眼确实可以看见木卫。洪堡所述故事看来亦非虚语。

最后这个证据之所以具有很强的说服力，可以从两方面去理解：首先，1981 年的观测环境肯定不如公元前 364 年的夏夜优越，那时地球上几乎没有任何工业污染，大气肯定更为纯净；其次，1981 年在兴隆的观测者是作为志愿者的青少年，他们的观测经验肯定比不上公元前 364 年的甘氏，那可是职业星占学家，观星是他们的专业。

1981 年 4 月，《天体物理学报》第一卷第二期发表了席院士的论文《伽利略前 2000 年甘德对木卫的发现》，标志着中国天文学界对这一发现的认可。

而在一些国外的学者眼中，席院士的这个发现被赋予了更多意义。比如日本京都大学的天文学史权威薮内清教授撰文表示，这一发现和随后进行的观测实验，可以视为“实验天文学史”的开端。确实，沿着这个方向，前面还会有许多风景——不过都是可遇不可求的。

放大镜和望远镜：2000 多年前就有了吗？

*

伽利略在 1609 年首次用望远镜发现了月面环形山、金星位相、木星卫星等新天象的故事，早已家喻户晓、深入人心，但是随着“专业程度”的不断加深，关于这个故事的描述就会加上越来越多的限制。例如很多人还会模模糊糊地以为望远镜是伽利略发明的，后来知道不是，伽利略只是最先将望远镜用于天文观测；再后来甚至知道有一个人在伽利略之前 11 天也将望远镜指向天空了，但他没有像伽利略那样懂得天文学并写出了《星际使者》一书来报道自己的天文发现，看了也就是看着玩玩而已。

但是望远镜到底是什么时候出现的呢？有人花了好多年的工夫，以惊人的毅力，证明望远镜早在 2000 多年前就已经有了！这是一个相当有趣的故事，尽管听上去有些离奇。

从古代透镜的故事开始

最基本的望远镜其实非常简单，只需两手各持一块合适的双凸透镜，一前一后，将它们和被观测目标成三点一线排列，如果两块透镜之间的距离调整合适了（其实就是调焦过程），你就能看到被观测目标的放大成像（不过是颠倒的）。如果嫌这样双手并用麻烦，只要将两块透镜安装进一组套管中，就成为一具单筒望远镜了——就是现代影视作品中经常出现在海盗头子手里的那种。

于是问题就转移到透镜上来了。透镜可以分成五种，如图 1 所示，依次是平凸透镜、平凹透镜、双凸透镜、双凹透镜、凹凸透镜。我们的故事暂时只需涉及其中的平凸透镜和双凸透镜两种。

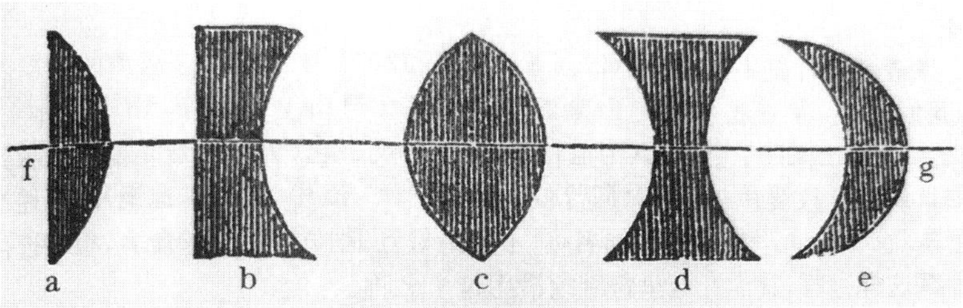

图 1　透镜的形状

不要以为透镜是现代光学的产物，事实上它们在古代世界早就为人所知，并且广泛出现了。例如在中国南唐道士谭峭（活动于公元10世纪早期）的著作《化书》中有“四镜”之说，据物理学史专家考证，四镜即四种透镜，被称为圭、珠、砥、盂，分别对应平凸透镜、双凸透镜、平凹透镜、凹凸透镜。

透镜在西方出现得更早，也更多。英国科学史教授坦普尔，是一个有学问的“好事之徒”，与之往来的人物中不乏名流，比如科学史名家李约瑟、普赖斯、科幻大家克拉克、阿西莫夫等人。在一次饭局中，克拉克谈到“古代技术知识发展到了令人难以置信的程度”，普赖斯就说起不列颠博物馆有一件亚述时代的水晶工艺品，非常奇特，不知用途。坦普尔事后真跑去博物馆看了，发现这竟是一块水晶磨制的平凸透镜——实际上就是一个放大镜。透镜出土于1849年，是在亚述王萨尔贡二世（公元前722—前705在位）的宫殿遗址中发现的。2700年前居然已经有了放大镜？这让坦普尔十分震撼，他一头扎进了有关古代透镜的出土文物和文献记载的迷宫之中。

“镜片，到处是镜片”

坦普尔的办法是根据考古文献提供的线索，满世界造访各地博物馆。结果他发现在许多博物馆的馆藏文物中，都有不同时代的古代透镜，以至于他感叹道，“镜片，到处是镜片”。这些镜片中以具有放大作用的平凸透镜居多，但他还有更多的发现。

例如在德国波恩的一个小博物馆中，有一个中空的玻璃球，上面有一个小孔，它被认为是古人存放化妆品的器皿。但坦普尔将水从小孔注入球中，球就变成了一个放大镜，事实上它成为一块双凸透镜，因为平凸透镜和双凸透镜的凸出部分，本来就是球面的一部分。更奇妙的是，注入这个玻璃球中的水，在正常情况下，哪怕将球倒置，也不会再流出来了，人们甚至可以将注了水的小球放入衣袋中随意携带（这是由于水的表面张力在起作用，只要在小孔中插入针状物，水就会顺着针状物流出）。

这样的玻璃小球在古代世界并不罕见，因为它还有一个奇妙的作用，就是可以用它来聚焦阳光点燃易燃物品，所以它又被称为“点火球”。用双凸透镜聚集阳光点燃物品是现代中小学生喜爱的物理实验之一（笔者小时候常和小伙伴们用双凸透镜的聚焦点追逐蚂蚁，不一会儿蚂蚁就会化成一缕白烟）。中国古代早就知道“阳燧”可以用来取火，而谭峭《化书》中的“四镜”都是依据透镜的形状命名的，其中双凸透镜的名字恰好就是“珠”，这绝非偶然，尽管标准的双凸透镜并不做成球状。

这种兼有放大和点火作用的中空玻璃小球，在古罗马作家老普林尼和塞内卡的作品中都提到过。用透镜点火的情形甚至出现在公元前5世纪的雅典滑稽戏剧《云》中，剧中一个角色向苏格拉底说，他恨不得用“美丽的透明宝石”将书吏手中的罚款文书烧个干净，苏格拉底正确地指出那是水晶镜片（hyalon）。

坦普尔这种满世界造访，寻找各种各样证据的做法，原是西方“民科”普遍采用的方法，当年冯·丹尼肯（Erich von Daniken）的书和电视片《众神之车》（*Chariots of the Gods*）鼓吹外星人早已来过地球、英国退役潜艇艇长加文·孟席斯的著作主张中国舰队1421年就发现了美洲，都采用了同样的方法。

要从方法论上为他们的做法寻找合理性，也是可以的——那些藏品原先在各个博物馆中是被分别归纳在各个主题或背景之下的，这些归纳看起来也都是合情合理的。而现在“民科”的做法，是将这些藏品从原先各自的主题或背景下“解放”出来，共同建构出另一个新的主题。考虑到先前的各个主题也都不可避免地有着或多或少的建构性质，那么建构一个新的主题又有什么不可以呢？

这个希腊陶罐上的人在干什么？

从萨尔贡王的放大镜片，到兼有放大作用的“点火球”，基本上可以确定，在东西方的古代世界，都早就有了平凸透镜和双凸透镜，古埃及人的放大镜片甚至可以追溯到公元前 3300 年。那么，我们离望远镜还有多远呢？

研究古代玻璃问题的英国学者艾伦·麦克法兰（Alan MacFarlane）认为，将两个有放大作用的注水玻璃小球一前一后对准观察目标，就有可能获得目标的倒立放大成像。这并不是一个在古代世界难以想象的场景，特别是在古代那些玻璃制作中心。

坦普尔在古代文献中也发现了更多的蛛丝马迹，据记载，公元 13 世纪的罗吉尔·培根在牛津曾制作过一架望远镜，而他在著作中讨论到望远镜时，竟说古罗马的尤里乌斯·恺撒就有一架望远镜——不过培根的这个说法在罗马作家的传世作品中尚未找到旁证。

但是图像可以提供更多史料。在一片公元前 5~ 前 4 世纪的希腊彩陶罐的彩绘残片上，出现了迄今为止最有可能的古代望远镜证据（见图2），这片彩陶是从1955—1960年在雅典卫城南坡的神庙遗址发掘出来的。图中的人在干什么？解释成他在使用一具单筒望远镜是非常合理的（要解释成他在干别的事情，尽管也不是绝对不可以，但显然需要加上某些匪夷所思的假说才行）。

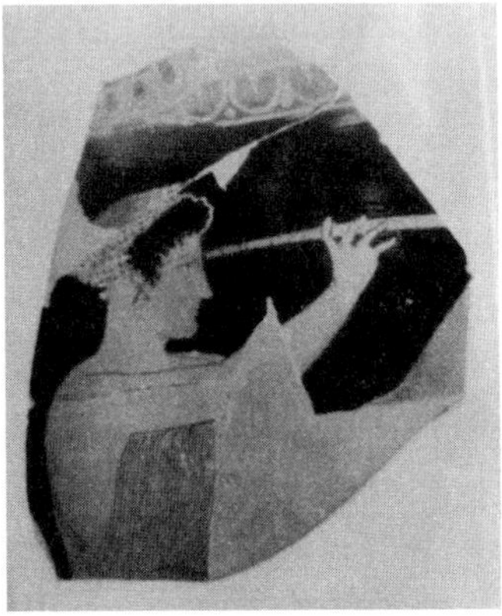

图2　希腊彩陶罐彩绘残片

所以笔者现在赞成的结论是：放大镜和望远镜2000多年前已经有了，甚至可能在更早得多的年代就有了。因为即使不了解望远镜的光学原理，古代的能工巧匠仍然有很大的机会造出有实际效果的单筒望远镜。